AUTHOR'S NOTE   When I began curating, editing, and revising these poems, I realized I wanted to make the text as gender-free as reasonably possible. In English, this wasn't terribly difficult. I write a good deal in second person, which is essentially genderless (though that was never my intention when I first wrote these pieces). In English, a little rewording here and there and favoring "they" as an all-inclusive noun did the trick. But in Spanish, a language that exists on the binary, this was more difficult. For starters, the practice of inclusive language, though in accelerated development, is still fairly new. There's a general agreement to use "-e" to replace the traditional, and explicitly, gendered "-a" and "-o" endings, but guidelines, when they exist, vary. We're still trying to figure it out. What you hold in your hands is my effort in this regard.

In this quest to wrestle with gender, there was also a compelling discovery: in some cases, gender very much matters. The story, the moment, the scene, or the sentiment needs to be explicitly gendered to make sense, to be true, because some things still happen to us precisely because of gender, especially for women. So this isn't a completely gender-free text but a mostly gender-free text.

I

Boomerang, After Aimé Césaire

I and I alone choose to be born on this island,
to this family, on this day.

I and I alone spoke up and cried for insurrection
and change.

I and I alone made the choice of rupture.

I and I alone raised arms and howled.

I and I alone accept fate today and cast it out tomorrow.

The Man in White

You raise your hand
as a child
to shield your eyes
from the lantern light
and step inside the skiff
following the stranger that is your father
in the billowing white shirt, the white pants in the wind
stiff now against his legs.

You crouch
as a child
and hold your nose against the fish stink,
the salty suffocation in the gloom
while following the instructions of the stranger
on the prow that is your father,
in the billowing white shirt and the white pants stretched
into flags of surrender by the sea blasts.

And you sit up,
you now as you now
under the light hooked to the mast,
you now as you now
among the lifting waves unafraid
and say to the impossibly white-clad stranger
that is your father—
That was not you
on the skiff, on the prow,
but me in the bardo
between the heavens and the sea
and the sea and the sea.

Volver

You are returning, you are going back to where it all
began, careful to engage in the necessary oblivion of the
circumstances that took you away in the first place. You will
hold your breath and pretend enough answers have been
provided to satisfy your pride, your urge to be here, on the
threshold of what might have been home if not for upheaval,
if not for the price of sugar and oil on the world market, if
not for the assurance of safety and comfort elsewhere, if not
for revolution and exile.

Y aunque no quise regreso, siempre se vuelve.

Here is the sea, the jeweled sea, flickering with caution.
The sea, soaking you, stopping you in your tracks, impeding
your salt-encrusted progress. And here too is the sea, its
waves knocking you off balance so you must reconsider what
you know of the view: an arresting vista, the promise of
atonement in your return.

Someone is saying: *Put your mouth on mine, put your mouth
on mine and let us create a pleura to sustain us. Put your
mouth on mine, put your mouth on mine and walk carefully,
this way, side to side to the water's edge, tilting our heads
together to see: the inner tube, the vacant skiff, the remains
of a flying machine. Put your mouth on mine, breathe and
don't worry about the aftertaste.*

¡Es une soplo le vida!

Oh, yes, you have returned and you want to drop to your knees and kiss the ground, embrace the columns in the old city, the neighbor who remembers you when you were a newborn and not yet in exile, not yet marked for departure, by air or water, solo or accompanied, legal or illegal. Behind you, you hear someone saying, *You, returnee, what did you bring me?* But no, don't turn your head, stay here, disseminating emotions in our shared spit. *Put your mouth on mine, put your mouth on mine.* Your step is halting: You're obeying this ritual—a convention with which you're utterly unfamiliar—and have surrendered to this breathing down each other's throats like a native.

Later, you will confuse the beginning and end of the journey, the packing and the unpacking and repacking of your bags. You will forget what you brought to give away and what you brought to put back in its proper place. Le olvido que todo destruye. You will be confused about what to take, what to accept, what to leave behind. You will weep while walking on the boulevards and you will notice that, as you pass, the students on the seawall are also weeping, as are the young mothers and the pickpockets, the new entrepreneurs and the masturbators.

Someone will say: *Put your mouth on mine*, and someone else will say: *We are all weeping because you weren't here, we are wrecked because you weren't here, how can we have*

talked about progress without your input, how can we have
contemplated the beauty of the sea without your voice in the
national discourse? We are weeping because there is a hole in
the nation where you should have been, a deep and painful
hole, a black hole with your name on it. Now put your mouth
on mine and let's tilt our heads toward the abyss and be
careful not to fall. Put your mouth on mine and don't worry
about the aftertaste, it's nothing, it's the taste of nothing, the
wind, a goose egg, a knot on the quipu. Put your mouth on
mine and let the wind become a voice that tells the story in
which the goose egg is you.

Tengo miedo de le encuentro. Tengo miedo de les noches que
poblades de recuerdos encadenan mi soñar. Tengo miedo de
decirte que te quiero y no quererte. You ever feel like nobody
ever understands you but you?

Cultivo. Cultivo une rosa blanque. Cultivo une rosa blanque
en junio como en enero. The sea. The blue sea. The blue sea
beneath the battleships, the freighters, the cruise ships. The
blue sea beneath us, beneath the empty inner tube, the vacant
skiff, the remains of the flying machine. It's a short distance.
A meager expanse.

Put your mouth on mine.
Put your mouth on mine.

¿Y qué, eh, y qué?

You have returned to shake hands with everyone, with sworn enemies and innocents, con le amigue sincere, con le cruel que me arranca, with the carefully selected audience that has been prepared for your performance. You shake some hands with reluctance and others eagerly, but you shake and shake until someone hands you a script and then you stop and stare. Oh, you recognize this—a lullaby, a presidential address perhaps—but, goddamn it, how do you read that accent? How do you bring all the eloquence of your heart to the moment when your tongue stumbles and falls like a tourist who's gone too far out on a tamarind limb?

Cultivo una rosa blanca, carajo.

You set out to write your autobiography, which will be a collective biography of all the people who were exiled with you. You want to be understood, you want to be precise, so you leave out metaphors, you leave out anything that could be symbolically confusing, you leave out the politics, you leave out the part about exile and your mouth on mine. Using a long goose feather quill, you write: I have come back to extend my hand in kinship. You write: Sometimes the most important changes happen in small places. You write: The tides of history can leave people in conflict and exile and poverty. You write: It takes time for those circumstances to change. You write: The recognition of a common humanity, the reconciliation of a people bound by blood and a belief in one another . . . You tilt your head toward the water's edge, the black hole.

Put your mouth on mine.

It's an order, man, do you not understand?

Exile is actuality, animation; exile is endurance and presence, the rat race, the real world; it's the journey and the entity you sleep with every night, the subject of every memo, every recipe, every instruction manual, every warranty and contract. Exile is everything, everything possible within the possibility of return.

Finally, you go to that one boathouse, the one you've never seen. You read all about it in the guidebook on the bus on the way there. How it's surrounded by palm trees growing out of the water, how it's guarded by angry geese that bark when you near it. When you get there, the colors are beautiful, long splashes of orange in the sky, a circuit of white orchids ringing their bells. You want so much to feel, to gasp with wonder, to identify. You want the geese to bark, to bite your ankles and maybe draw a little blood. But they're tired, curled like kittens on the water's edge. You want desperately for someone to approach you and ask you to put your mouth on their mouth and breathe some kind of warmth but it's lonely here, lonely, and soon very dark. You break into the boathouse, which is dilapidated and slippery with moss. You let yourself fall into the moss, make a bedding from it, smoke some. You entertain yourself making nautical knots you learned abroad: the Alpine Butterfly Loop, the Trucker's Hitch, the Zeppelin Bend. The wind is blowing through the boathouse and it makes a lovely music. When you wake up the next morning, you need a moment to remember where you are. You decide not to eat your provisions, not to open your thermos. You will, instead, live today like those who never went into exile. When you peel away the moss and lift up the floorboards to get at the water, you realize the boathouse has been unmoored. You lean over the edge and, swatting away the geese, you drink from the sea, you drink and drink the salt water until your belly bloats. En julio como en enero. This is a pain you can live with.

Heroes in Exile

after the threats and
the hunger strikes and the
years in the cold wet
prison and the beatings after
the headlines and the
dramatic rescue or the
negotiations for
release by honorable or
not so honorable
delegates after the reunion
with family and
those in solidarity
and the media interviews
and the stipend from the private
foundation that's good
for only a month or two
after the white house
coffee with the sub secretary
to the assistant
to the adviser to the
vice president of
an international commission
on human rights heroes
in exile stand on the shoulders
of a smaller atlas
and ponder how their lives have
taken such an oneiric

twist they accept awards and
write editorials
plot returns and fundraise go
to the doctor to
check for long term effects and
disabilities
they meet with olympians
who gift them with medals
and struggle to decipher
prescriptions and insurance
forms heroes in exile give
speeches filled with polonian
precepts promises or disappointments
admonishments or
bitterness and sometimes genuine
hope they wait for applause
and for the car to get an
oil change read a newspaper
eat a bagel heroes in
exile listen to
their critics with compassion
or envy or fear
and reflect or take revenge
or hide from shame in
the cloak room or kitchen the
back room packed with nostalgia
and regret

heroes in exile
sing kaddish
quote lincoln and mandela
reagan and havel but especially
havel though havel's real exile
if generosity permits
came later after
the revolution and the
presidency and
the splitting in two of the
country heroes in
exile compose aurorean
letters they never
write but consider while lolling
in the garden tending
yellow tulips and daffodils
fields and fields of daffodils

The President of Coca-Cola

Ana Mendieta is the president of Coca-Cola and dresses in
yellow, a mother of millions, an international pop star rolling
by the riverside covered in spit and feathers. Ana Mendieta
is the U.S. senator from Florida, the governor of New
Hampshire, four feet ten inches seared into wood, traced with
blood, formed from mud and grass and gunpowder. She leans
on the bar counter, a Mentirita in her hand. Ana Mendieta is
the Grand Duchess of Luxembourg, a prestigious professor
of international law at the Geneva School of Diplomacy and
International Relations. Ana Mendieta is a shadow play of
light in the cornfields of Iowa, a mound of earth outside
Havana, cave drawings. She is the mayor of Wichita, the
tender-hearted sibling of the late dictator, a glamorous fashion
model, welfare recipient, emergency case in the emergency
room, a soldier, dentist and historian, the host of a daily talk
show on Telemundo who gulps down a milky Black Cow
every day before taking calls. Ana Mendieta is the intellectual
author of Miami's resurgence, the evil genius behind the
bombing of a plane that killed every member of the national
fencing team, and the man who ripped out his lover's guts
when she moaned the name of another. Ana Mendieta is a
power hitter, MVP and six-time all-star celebrating at a gay
B&B on Duval Street with a Chocolate Slam and a tray of
cocaine. Ana Mendieta is the president of Coca-Cola and a

double agent. She invented the sitcom, the telephone, birthed Amazon, came over with 14,000 kids and got deported with 2,021 others, mostly murderers. Ana Mendieta fears that if she weren't an artist, she'd be devoted to a life of crime. Ana Mendieta is subject and object. She's overwhelmed by feelings of being cast out of the womb, from the island, from exile. Ana Mendieta is the target of racism and a particularly fierce misogyny. She has a wicked cackle, a cruel flutter of hands. She swallows a Dark'n'Dirty, an Eye of the Storm, a Fucked Up Float. Ana Mendieta is the goddamned president of Kola Coca and she's both gleeful and embarrassed by the millions she earns but also keen on what all that money can do. She's on the outside looking in, and so in with the in crowd. Ana Mendieta is alone. She pushes and presses her face against the glass until there's a tiny hairline fracture that snakes back and forth and back and forth and the glass separates so she can pop each piece with her fingers. Ana Mendieta is the youngest of all, the last to open her eyes when Earth was created. She's the feminine ideal, the masculine ideal, the non-binary ideal and inspires lust and fruitfulness. She loves hand-held fans and mirrors and is constantly dipping her fingers in honey jars. Ana Mendieta loses interest quickly. She's a peacock, a sack of bones, a woman dozing on the roof of a deli thirty-three stories down.

The Land of Regal Elephants

for Reinaldo Arenas

I have seen a land of regal elephants, you wrote some years
ago, not many really, back when you were convinced a cluster
of signs, a cadence of perfectly chronicled images—words!—
could still save you . . . and now, you've brought down those
elephants and slowly, very slowly, carefully, you've set them—
the wondrous, peaceable, palpable figures—at the edge of
the broad plain on which your work is at last beginning to
take shape.

humo en le torre, humo en les altes torres

I have seen a land of regal elephants, their fission-fusion
matriarchies rambling on the steaming savannas, the cities
on the water, the blue mountain, the Turkish peak, the slope
of a woman's buttocks too soft and malleable for you.

humo en le torre, humo en les altes torres

I have seen a land of regal elephants, primping and posing
beyond their reflections in the water, combing those five-inch
long eyelashes, waving their earflaps, eating baby food from
tiny glass jars, like you, writing under your one bulb on your
folding card table, begging to go to that one 24-hour Chinese
place on Henry Street that served cold peanut noodles.

humo en le torre, humo en les altes torres

I have seen a land of regal elephants gathered in a circle,
wailing and grieving our losses, all those unnamable and
immeasurable losses, a constellation of bullet holes on
the fortress walls and a sea of dirty sheets in the hospital
laundry room waiting to be burned.

humo en le torre, humo en les altes torres

I have seen a land of regal elephants emptied when they
dove into the waters, their trunks a million periscopes.

humo humo en les torres

Death is out there in the backyard, you said, playing with
a bicycle wheel. There was a time that bike was yours when
the wheel without a tire was a new bike and you'd ride it
all the way up the street, to the top of the red dirt hill, your
head spinning as you stared off at the land of regal elephants,
the dusty smoke stirred by their cantering, their feet never
leaving the ground.

Some of this text is borrowed or paraphrased from
Leprosorio, "The Brightest Star," and *The Palace of
the White Skunks* by Reinaldo Arenas.

Recountal

Now the beat
(there is always a beat).
Now the drums
and the darkness within.
Now the dance.
The stand-off.

Now the story about the jailer
who frees the future dictator out of pity.
Now his lover (the invisible ink).
Now the reports from the front.
Now the betrayal which becomes myth,
the homemade bomb that doesn't go off,
the priest who intervenes (to his regret).

Now the carnival
that yields the (unexpected) victory.
And the sick.
And the wounded.
The triumphant speech before the multitude.

Now the same horizon
as yesterday,
orange instead of blue.

The damned circumstance.

Now the fleets.
Bactris cubensis, pinus cubensis, the strangler fig.

Repeat, repeat, ad infinitum.

Now the old man on the precipice.
Now the holy burden of being the last one standing.
Now the chess game in the afternoon.
And the milk rice pudding.
And the walk in the garden.
And the toenails that need to be clipped.

This is not History.

Pages marked with highlights.
The story re-enacted for posterity.
Photos retouched for accuracy.
Events (an ordering).

This is how it was and it wasn't
and how it really was.

Repeat, repeat, ad infinitum.

Now the clearing.
Now the bones along the ocean floor.

My Island Lover

My island lover
emerged from the foam
of the spit on a wild pig
they slaughtered with their own hands.

My island lover
walks the perimeter
of our damned circumstance,
immune to the stench of the harbor,
indifferent to the hapless sentry.

My island lover
eats only the meat of the reef,
and refuses water
and pineapples and mangos
except as protection.

They are sick of offerings to virgins
(and of virgins),
of the moon on the water
implying promises of progress
and the sound of the drums
a clarion call.

My island lover
can name all the animals they've outlived,
and all the conquerors
they've poisoned with their honeyed lips.

My island lover's
white teeth pierce the night
right through to the story of
a day at the beach
contrived for the naïve and the brave.

They have a ninety mile penis
they wield like an oar,
a baton, a staff,
to love a boy and
a woman who flew a raft,
a string of rainbow snails on a dead tree.

Waiting in Line with Hemingway

I dropped from my mother's mouth with an axe, a net
of lemons to which I was allergic, a limp, and a pair of
Ray-Bans that fit awkwardly on my nose.

She liked to tell the story of how, when she was pregnant
with me, she'd wait in the bakery line in Vedado behind
Hemingway—a mangy old white man in shorts and sandals
with socks—and take big breaths of the malty, milky
sweetness in the air. Sometimes she'd catch a whiff of him:
pungent, stinging.

You should thank me, she said.

I eased out from my mother's armpits with that same sour
aftertaste, an appetite for the precipice, my bad foot on the
gas and a rush and humming in my head.

The first time I made love to a woman in the open air, I heard
the muscles pulling in and around my ears and a burst of
bright, aching claps that left me breathless, wanting more.

Inner Core

I kissed you to say sleep with me
and you pulled back the cover of our vast continental expanse,
stubbed your toe on my toe.
Everyone came to see
what was beneath the slow moving asphalt:
a layer of the dead
in the place where the rare stone used to be.
I kissed you again and pulled on your arm and said,
please sleep with me,
and you yanked on the mantle
while mouthing the words to a song
you otherwise couldn't say—
not to me anyway.
You used your leg to trip me so I'd tumble in,
eighteen-hundred miles to a river of fire,
tunneling through the hole to the place
where the rare stone used to be.

Sleep with me
I said
swimming against the molten current
just fucking sleep with me

and you took my chin in your mouth
and bit and gnawed until you found the core

a steaming white pulp

you swallowed.

The Public Place, After Olga Broumas

I have been watching her for a long time. I have been
watching this woman, this small frame on the grass in a
public place. I have been watching the long dark hair fall
like a web on her shoulders, the neck, the fine slender arms,
the way she senses I'm here watching her. I am a spy. I am
exploring, mouth open, the hard ribs of her body, the hips
hidden in denim, the creases, the creases, the muscles that
stretch under dark blue jean patches so tight. I am a pirate,
my tongue the ship rising with the storm of each movement
I am inside her I'm watching inside her from behind the
brown iris I'm spying. I do not know her I am her lover I do
not touch her she rises she stands in the grass in the public
place she is barefoot soft feet unaccustomed to being so naked
those feet white feet moving away from the grass the public
place the imprint of her still fresh on the grass the public
place taking the intersection against the light with a vengeance a
dare in her white step she is barefoot I am her lover I am the
woman she goes to, going home.

Conceits

It hasn't happened,
but it's here, teasing like a fish
that escapes with a bruised lip
(this is the hook, baby).
I've got the hotel keys, two in fact,
tucked in my back pocket like red flags.

We sit across from each other
and all that hasn't happened,
watching in the mirror a drama in drag
(this might happen, but it never has).

The room is chaotic, pungent and dark.
You pick a key, your card in a magic trick.
I keep one, you keep one—
to remember, you say—
we'll meet here again
(it'll never happen; you'll be dead first).

When memory escapes, overtake it.
Like Hesiod, you have three muses
that can make any lie seem true.

Dancing in Paradise

You lean against me
as we dance, the soft huddle
of our heads together,
our breaths clean steam in the blue
smoke, rapid, exhausted.
We mix margaritas, because
I like the name, a
woman you love. You're older.
I'm willing, drunk, unbuttoned.
You lead, peeling layer after
wet layer, a heap
of sweaters, shirts and precious
metals. Your breast is
slick with sweat, hands agile,
eels in glass waters.
When you scoop me up, I twist
in your lap, a thick
needle thrust through my tongue. Later,
you give me a reading list,
blank journals, your mother's
recipes. You take
what you need, knowing there's no
autonomy of the
senses, those five carnivores
in their own essential
food chain. What survives is memory,

twin jewels, the blade of
a pelvic bone. Instinctively,
we keep our eyes open,
ears keen, for marine smells,
salt, the plexus of light,
sound, water.

Succession

for Rachel

A lover may be conjured from under a beach umbrella,
via mediation, or a personal profile. That much is true.

In our photo albums (now ephemeral, more like memories
than the memories they're meant to evoke, or flaunt), the
lover is always discreetly identified by the placement of hands,
or proximity, or frequency of appearance.

We begin with hope, though later we prefer a practicality that
might—we hope—inoculate us from the fallacies of hope.

To communicate, we use only diphthongs, clicks and
affricatives.

I remember the lover who screamed so loud, they scattered
starlings from the black sun.

And the lover who lifted me up and off the driver's seat,
burying their foot on the brake before we could shatter.

There was the artist, the professor, the scammer,
the shoe-maker, the mother of three.

The bells on our wrists jangled as we drew on our breasts,
wrote cursive lines in saliva and blood.

And always the unplanned move, an accidental and
irresistible urge to bite, the bruise on a thigh like a

tiny aquamarine and red-rimmed anemone, the clumsy mishandling of an instrument at the climactic moment.

We fuck at daybreak or before night falls, and always on the earth-covered steps to the altar.

I'm on my belly, arching before you can pin me.

The Man with No Legs

You thought I was
making it up,
the affair
with the man with no legs—
or rather, legs
like tall empty socks—
just because
we didn't sleep together
in the usual way.

I make love
like a lesbian, he says.
I use my hands, my
mouth, my eyes, all
of my senses.
And I think, yes, maybe,
but not your vaginal muscles
suspending time,
or women's intuition.
You would love me, he says,
brittle enough to be believed.

We roll around O'Hare airport,
up and down the ramps, fueled
by his defiant human hydraulics
turning and turning
the thin racing wheels.

I was built for the road,
he says, tapping
the weightless aluminum,
checking his ticket to Beirut.

Without the chair,
he could fly of his own volition.
But strapped in
like the falsely condemned,
he's invisible to the attendant
at the airline counter,
to the woman in front
who looks over his head, at me.
They can sink their teeth into me;
I'm as real as a rare steak.
He's just so much broken glass,
ready to snag a kneecap, an ankle,
the blue tributaries from a fleshy thigh.

In the parking lot,
we tether the wheelchair
to the door handle,
then lean back in the car seats
until we can't see
past the radio, defroster,
all the unnecessary gadgetry.
His chest is a giant curve,
out of proportion to my compact, to me.

The first time—the very first time—
he didn't tell me, the spasms
like bats until
I shooed them away.
He dragged himself up
the rest of the steps,
all three stories to my apartment,
like the stubbornly religious
at the shrine of Guadalupe.

Boomerang

We spin, then come down in a spiral,
a high flying twirl, a spiral, a straight line.
If done justly, the flow lifts both wings,
understanding, of course, that at least half the time
we'll each find a higher velocity
and then a subtracting tip speed.
We try to arrange the spinning, the spiral,
to control the curving along the unbalanced
elliptical path, the spiral
that returns us to our point of origin.
Though it may seem
the exact same design,
same intention,
sometimes
the spiral propels us forward with unexpected force,
symmetrical perhaps
but far, far from leisure or love:
a warrior's club, fire starter,
a decoy for hunting.

Naiad

Then, let's talk
about other things.
Not about this,
even though on this foggy night,
everything is doused with—
has the moist sensation of—
this. Let's just go,
dry our hands,
put on our shoes,
leave, unafraid of the night
and its noises;
let's take the plunge from
warm waters to cool air,
without discussion, without
questions. Let's just go.

In the kitchen,
we talk about politics.
Water boils.
There's always coffee.

You put another record
on the record player.
The clock marks
the hour, but I know
there's time, that
the hours are distributed

according to need,
and as such, there will be
even more time,
to talk, to murder each other
(if we need to),
to perform mouth
to mouth resuscitation,
to look for
sleeping gowns
so that later
we can have a reason
for undressing.
Are you ready?
I swear, shoeless,
I can feel all
the movements of the earth.

In the kitchen,
we talk about recipes,
about nutrition.
Everything's clean.
There's nothing left.

I know the woman
in the photograph
on your wall, the one
who smiles and loves you.

I know them,
all the others,
the ones who,
like you,
leave the waters at night.
You carry them with you
like tattoos
that come off on me
when you rub yourself
against me, like *this*.

In the kitchen,
we talk about the weather,
about nautical miles.
We drink more coffee.

What do you want me to say?
That when you look at me like this,
warning me
about the consequences
of falling in love,
it always seems
you're talking to yourself?
This is how I breathe.
I know it's panic,
not water,
that will drown us.

In the kitchen,
we put a pot on the fire.
Between words, we pray.

Outside, the fog gives way
to a gentle rain.
Here, between blankets,
you say you don't want to talk
anymore, you don't want
to think. But
we've already thought of
everything, already done it all.

When I bring your coffee
to bed, you already know
there's no reason to call out
to other powers.
The naiads do not madden,
or frighten me.

The World as We Know It

In the world as we know it, love is unlikely, exquisite,
elusive. It runs the gamut of human need, in dark tones and
rich hues, occasionally blood red (the rarest on the planet),
and sometimes calls out the name of a woman well-known
for making it difficult to locate the rapidly moving systems,
the low-pressure centers, the closed atmospheric factors and
spiral arrangements at its core. (There's also a silvery white
variety, more resistant to corrosion but with a more sluggish
beat.) It's not the world's most reliable sentiment but yet it
has an enduring appeal as a safe haven, a thing of delicate
or substantial beauty; it depends. It's admired in Taine culture
and the Kingdom of Aksum. It can be hard and dazzling,
or a brown speck along an island coast. It comes after a
conversation about angular momentum, air flow, a death in
the family and learning to breathe. It's big, too big to hold
in the palm of our hands, in a fist tucked tight against the
cervix, under and over our tongues. It peaks in late summer,
May the least active month, August the most; September
the worst. In the world as we know it, it exhibits all the
characteristics of a phenomenon: a disturbance, a ball of
coral, an eclipse, the mountains we will or will not ever climb.

Slow

for Rachel

The Clock of the Long Now will operate knowing it will lose the correct time, exposed as it will be to imprecise temperatures, stellar and solar alignments, tectonic movements, orbital dynamics and the fallacies of the human hands that must keep winding it by turning a crank or pulling a chain.

In the German village of Halberstadt, at the end of the 20th century, a trust of theologians, composers and musicians gathered to discuss the 649 year history of the organ, what Mozart called the king of instruments.

Three centuries earlier, in that same German village, a Court Jew had defied the authorities by printing two-thousand copies of the twelve-volume Babylonian Talmud as a gift to the poor. The Talmud, which runs almost three-thousand pages, can weigh about thirty pounds. That same Court Jew had also built a synagogue, baroque in style and said to be quite beautiful, that stood for more than three-hundred years until it was demolished in 1938, after Kristallnacht, and from which rose an aircraft factory a few years later, manned by slaves transported from nearby Buchenwald.

In that same village, there's a church without a basilica, centuries old, bare and rugged and abandoned, a former monastery and pigsty, constructed out of a harsh, cold stone.

The theologians, composers and musicians built an organ there that kicked off its only concert with a seventeen month rest. Its first note came later, like an air raid siren, and played for months and months, heaving and exhaling, crackling and burning.

Now, every few years, the villagers—descendants of the Court Jew, of those who devastated the synagogue and worked in the factory and at Buchenwald—come and re-arrange the thirty pound sandbags that weigh down the organ's pedals. There's a whir and a note is added and the chord changes. Pipes are installed as needed. Each movement will last a lifetime.

The Clock of the Long Now will tick once a year, the century hand—which corresponds to the hour hand on a typical timepiece—will move every hundred years.

Using the Daf Yomi cycle of a page day, it takes more than seven years to read the Talmud, though enlightenment is a different matter.

On the planet Venus, a day lasts longer than a year.

Here on earth, blue whales come to the ocean surface mostly at night, their hearts pumping a torpid four to eight beats a minute. Their songs are composed of a handful of notes, but we usually hear only about half of them, the tones dropping into frequencies too low, too deep, for us.

I am telling you this because time is a ruined fountain, a prayer to the sea, a headfirst dive into stillness. I am telling you this because the universe is at absolute zero until I rise naked to the surface, night or day, and you are there.

Boomerang

We have polished a boomerang to clip a hummingbird.
We have polished a boomerang.
This is what it feels like,
what it feels like.

This is what we know it feels like to clip a hummingbird
because we clipped ourselves first.
This is what we know it's like to strike
because we struck ourselves first.

This is what it feels like to lie on our side,
to suck a few drops of nectar off our lips.
This is what it feels like not to drown.

This is what it feels like when a hummingbird has froth on
    its beak.
This is what it feels like when we gurgle or spit blood.

This is what it feels like to be trapped in a room, in a panic,
    in a rush.

This is what to do:
Turn the lights off, cover the glass.
Do not use a net.

Come find us in the dark and scoop us with your hands.

The Hospice, After Carolyn Forché

It's true what they say, I've been there. It's an ordinary home,
with a dining table, a Christmas tree in December. There's
the paper in the morning, and somebody plays the piano at
night. Everybody has their own phone. At about six o'clock,
the front door comes open and a cool wind runs through the
house. Those who were working—or running errands, visiting
hospitals—they take off their coats, the layers of scarves and
socks, and lay them by the fire. There's a medical sheet that's
followed to the letter, a bell that rings nearly every half hour
for a different prescription. In the supply room, there's clean
linen, lots of hand towels, bandages, balms, syringes sealed
in cellophane. After dinner, when the TV's on, there's talk
of somebody's difficulty with breathing, new lacerations, of
a beautiful boy at the beach, an ordinary bird (a cardinal or
blue jay), of snow. Then somebody says to shut up, and twists
their jaw, their skin so tight, the bones move by resisting.
You know what this is? they ask, clutching the knot in their
pants. Somebody in a pink gown says, Show it to us, honey,
come on, I want to see your stuff. When the other tries to
answer, their skin tears, neatly shedding, folding on the floor
like the lightest tissue. Then their skull tumbles, the eyes,
nose and teeth scratches on a stone, or divination shells. After
a moment, someone sucks it up with the vacuum cleaner,
someone else sprays white foam to lift the stain from the rug.
Later, there's the ten o'clock news, small talk, a few Broadway
tunes on the piano.

In Response to the Murder of Eleven Jews, Including a Ninety-Seven-Year-Old Said to Be a Holocaust Survivor, Who Wasn't

if they preferred tea with honey
 (take a step back)
if they watched police procedurals

if their ankle throbbed
or their hands swelled
and they didn't complain
or they did
 (take another step back)

if they missed being in love
with its anticipations
a hand caressing the small of their back
 (take a third step)
or maybe they'd forgotten
held it like a souvenir postcard
from long ago
colors faded

if they had children and
their children had children and
their children's children had children

or maybe they hadn't forgotten
 (bend knees)
but found instead a love deeper than love
 fathomless and devout

if they were simply going through the motions
which now gave them a warm and glowing contentment
that came to them like breath
    (bow)

if they recalled the headlines
from those other times
    (bend knees)
the hours volunteering at a soup kitchen
writing pen pals in uniform
    (bow)

if they remembered fear
or if they'd grown immune
so saturated with it
it had transformed into a fourth prayer

if they understood what happened when it happened
if their hearing caught the stranger's cry
if they pondered for an instant
if they were dreaming or confused
    (fall down)

the wind blows, the rain falls

the sick are healed
the bound released

gather exiles from the four corners of the earth
unto the land

reassemble
here
body upon body

The Ravages

time is free
a sunset
ignites its own fire
wonderful
the door is the door
yes, we connect to the radio
via the internet
it's a great day
a wall phone call
standing up
feet on the ground
while someone follows us around
we can only look at it that way
and dream about
how to become a fitness guru
in the meantime
someone dies on the corner
right at the intersection
and everyone tries to figure out
whether it's okay to cross
a great day today
don't cry, don't cry!
someone shouted
they were masked
so who could tell who it was
the wind was blowing
all four winds

whirling around a closed newsstand
whipping up the sand
it stings it stings and stings
these are children
their faces covered
but it's still a great day today
a wall phone call
standing up
feet on the ground
we're being followed
yes, we can see the footprints
heads poking out behind the wheel
but too low
we laugh and wonder if they too
dream about
how to become a fitness guru
with joint and muscle resolution
someone died today right on the corner
and someone
who knows who
cried out
don't cry, don't cry!
this is the rifle
that started it all at the church
each pull of the trigger
like medicine, like magic, no one knows better
we still have no idea

if there are boxes of stuff somewhere
and runners in the forest
symptoms continue
in millions
kids too
it's a great day today
a wall phone call to no one
while they follow us so slow
we can see them in the parking lot
the ambulance, the paramedics
masked too
and shouting in a chorus now
don't cry, don't cry!
don't cry.

You

You are standing on a wild horizon, bleak and blurry, at the
beginning of what seems, even in its adolescence, a cursed
and forsaken century: incapable of memory, bombarded by
apocryphal stories and promises that—even as they're
pronounced, even as they fall from our leaders' mouths like
white spinels and moissanites—betray their false sparkle.

You, you

You're confounded by leaders as authentic as Princess Caraboo
and the scrap metal Lustig sold as the Eiffel Tower. Oh, how
they chant their chants: *War is peace, freedom is slavery*—and
most importantly—*ignorance is strength.* That's right: the less
you know, the more indignant. The less you know, the more
protected. The less you know, the more correct you're bound
to be. The chorus is no less than: Say it loud, I'm here and I'm
proud. Doesn't that sound familiar? Take a breath. Let the
chorus go silent, walk away on a path of your own design and
determination, even if you lose your way a few times during
the journey. Don't be afraid of the loneliness.

You, you, you

You must have a brutal clarity about the river of tears
that brought us here, to you, and how that river flooded
Al-Andalus, Jamestown, Ulster, Yangzhou, Salem, Lancaster,
Warsaw, Constantinople, Port-au-Prince, Boston, Sand

Creek, Gippsland, Frog Lake, Wounded Knee, the Armenian
Highlands, Guaymas, Jeju Island, Istanbul, Berlin, Cabinda,
Chicago, Ponce, Katyn, Odessa, Kefalonia, Manila, Haifa,
Lydda, Hula, Batang Kali, No Gun Ri, Nairobi, Sharpeville,
Paris, Jacinto Vera, Zanzibar, Hue, My Lai and My Khe,
Leopoldville, Mexico City, Borga, Karen, Delhi, Choeung
Ek, Buganda, Tochni, San Salvador, Derry, Munich, Ezeiza,
Marichjhapi, Gwangju, Palmyra, El Mozote, Hama,
Lucanamarca, Dujail, Clifton Hills, Belfast, Tiananmen
Square, Aramoana, Barrios Altos, Sivas, Cape Town, Kigali,
the West Bank, Sarajevo, Luxor, East Timor, Port Arthur,
Acteal, Omagh, Andijan, Haditha, Blacksburg, Kabul,
Kandahar, Abu Ghraib, Charleston, LaFayette, Orlando,
Darfur, Aleppo and how we drank that river water, and how
that river poisoned our blood and how that blood became
the instrument with which we write the history we bequeath
to you.

You, you, you, you

You may take pride in the lattice of scars your ancestors
received from the lash, and for how long your blood pumped
under water while they waited for you to bob to the surface
just so they could drown you again, and how long you kept
your eyes open when your head rolled, and how long you
sang aloud while your limbs burned . . . but hold on to the
truth of how sometimes your people handled the lash, and

sometimes you knotted the witch's wrist, and sometimes loosed the guillotine and threw the match. Because none of us are truly free of past misdeeds, and that will help you forgive in the future.

You, you, you, you, you

You must not take anyone's word for anything. Remember that trust cannot grow from lies and contempt, that the only thing those engender is capitulation to an unacceptably false reality. Be wary—be kind, yes, but be wary. Ask questions. Is this real? Is this really real? Seek out the answers—the many different and conflicting answers. Insist on them. Weigh them. Reflect. Be a witness. Take what you learn, prick your finger and write a new story.

You, you, you, you, you, you

You must learn to have a sharp eye, a steady step, an arm that's strong enough to carry more than just you, a heart that loves hard and true, and a sense of timing that's as precise as the most precise atomic clock, or the moon. Commit. Be a witness. Take what you learn, prick your finger and write a new story to be read in the days to come. Then listen: Listen to the stories others have written and that are read aloud like a song.

You, you, you, you, you, you, you

Know that you will fail, and fail royally, over and over again.
And that each failure must be executed with dignity because
each failure is also an inspiration, a demonstration of the
system's weakness, a nod to the possibilities, a lesson to
all who testify and a call to reflect and decipher the moment
of failure, the weak spot, in order to reinforce it or get
around it or otherwise reign over it so the failure can become
something else next time, whether you're here to see it or not.
Commit. Be a witness. Take what you learn, prick your finger
and write it down so it can be read as testimony in the days
to come. Then read all the proclamations that are entrusted to
you; bind them, encrypt them, discuss them, repeat them
to everyone you meet.

You, you, you, you, you, you, you, you

You must learn to live with your pain, which means wearing
it like a medal but also, and perhaps mostly, giving in to its
limitations, to its call for refuge and balm, sometimes with
others, sometimes alone. And in that pain, you must find the
formula to understand the pain of others, and be their refuge
and balm, if they let you, if they want you, and to be that
without expecting payback or reward. Commit. Be a witness.
Prick your finger and offer it to your companions in battle.

You, you, you, you, you, you, you, you, you

As a last resort, you may try the fog test. Breathe and see
what happens, see if your heat makes them sweat, or, if they
step right up to kiss you back, with clear and honest intent.

You, you, you, you, you, you, you, you, you, you

You must accept that you cannot go it alone. That the future
that must be rescued is a world upon a world, ours, mine,
upon yours and the next generation's, an endless horizon.
Lock your fingers together. Listen attentively: how, amid
the chaos and uproar, our commitment to each other, to the
stories we tell and the battles we fight, there's a stirring of
hope like a fluttering of pages, of wings.

Kol Nidrei

With the consent of no one, we pray among the dykes,
the miscreants, the homeless, the enraged, the jobless,
the women who've had abortions, the women who've
had to give up their children, the women who raise their
children, the women who raise other women's children,
the deported, the refugees, the exiled, the stateless, the
sick, the women who take care of the sick, the women who
believe in a higher power and those who don't, who howl
at the moon and those who just howl, those who bleed
and those who don't, the drug addicts and the love addicts,
the disabled, the women who take it and the women who
hit back and the women who run, the women who were
orphaned, the women who partnered and the women alone
(by choice or circumstance), the women who stayed, the
women who are here now . . . All vows, all things we've
forbidden ourselves, the oaths we've sworn, the laws
we've reluctantly agreed to, vows made in doubt, vows
coerced. All we promised and dedicated and forbade
ourselves; from now on—let us be released.

Who told us we were naked?
Who told us shame is shame?

Eat, eat of the fruit, sisters.

The March

I am about to step outside, I am about to step outside
to the elements and my anticipation is a long inhalation
that covers the world upon release. This is the beginning
of a movement based on facts and not on sentiment
or pronouncements, though both sentiment and
pronouncements are useful and worthy. As I begin to lift
my left foot, my sartorius muscle allows my knee to move
up towards my body. I am joined by others, however
they can join with me, others who have suffered and
are not afraid to continue suffering. What we seek is a
new majority rooted in justice for all whose conscience
is committed to ceasing wrongs and doing right. What
we want is nothing about us without us. What we want
is for each individual to define their own identity and
expect that society will respect them. We shift our weight,
unlock our knees. Arrange our bodies in the best way for
each of us. For an instant, most of us are standing on one
foot. We are not in a hurry. We are not dreaming. We are
ready to give up everything, even our lives. We shall do it
without violence because that is our conviction. What we
want is freedom, what we want is the power to determine
our destiny. As my left foot comes down, it is coordinated
with my right and they match the equivalent movement of
those who have joined me, and with whom I am joining.
We are firmly rooted. Whenever possible, we let our limbs
swing in a natural motion and keep our heads facing
forward. What we want is the complete elimination of

military forces, not just from this or that territory, but
from every corner, every outpost, on earth. What we
want is full and meaningful employment. What we want
is decent, safe housing. What we want is an education
that teaches us our true histories and their consequences
on the present. As each of us lifts our right foot (or
makes the equivalent movement to ambulate), we are
now a perfectly synchronized force, even in our
differences and occasional disorder. What we want is an
immediate stop to state brutality and the assassination
of black people, and native people, and disabled people,
and queer people and trans people, and women, and
children, and mothers and fathers who can only do so
much because they are shackled by the very state that
seeks to kill them for having foolishly believed they
were free. What we want are the doors flung open to
Folsom, Riker's, Guantánamo, San Quentin, San Juan
de Lurigancho, ADX Florence Supermax, La Sabaneta,
Attica, Camp 22, Pollsmoor. It would be fatal to overlook
the urgency of the moment. As we advance, we are a
thunderous thrum. Some of us will run under the rain in
Seattle, and toward traffic to block Lake Shore Drive
in Chicago. Others will flood Wall Street and more will
storm the port of Oakland. There will be one lonely soul
in snowy Bethel, Alaska, and clusters in Little Rock,
in sweltering Ferguson, in Tallahassee and Flagstaff,
Baltimore, Detroit, Honolulu, Boise, in ancient Salem,

Wichita and Northampton, Oklahoma City and Spearfish, South Dakota. Nerve and muscle adapt to the rhythmic stimulus of our own noise, the noise we make together. It is true that when in the course of human events, it becomes necessary for one person to connect to another and another and another in order to defend our equality, our difference, our dependence on one another, then

Much of the text here is adapted from The Black Panthers Ten Point Program, the Delano Manifesto, Equalise It! (a disability manifesto), Martin Luther King Jr.'s "I Have a Dream" speech, Trail of Broken Treaties, The Transfeminist Manifesto, and the Declaration of Independence of the United States of America.

ACKNOWLEDGMENTS

Forever grateful to these publishers.

"Dancing in Paradise," *QRHYME* #1, Queer Nation/ Chicago, Summer 1991; *This Is What Happened in Our Other Life* (A Midsummer Night's Press, 2007).

"The Hospice, after Carolyn Forché," *QRHYME* #1, Queer Nation/Chicago, Summer 1991; also, Spanish only, *Un cuento y once poemas*, Amazon Digital Services, September 2017.

"The Land of Regal Elephants," *World Literature Today*, December 2018.

"The March," *Women of Resistance: Poems for a New Feminism*, 2018; also, Spanish only, *Un cuento y once poemas*, Amazon Digital Services, September 2017.

"Nereida," *QRHYME* #1, Queer Nation/Chicago, Summer 1991.

"The President of Coca-Cola," *Lithub*, December 2018.

"Recountal," Spanish only, *Un cuento y once poemas*, Amazon Digital Services, September 2017.

"Slow," *World Literature Today*, August 2020.

"Volver," *Bridges to Cuba*, August 2016.

"The World as We Know It," *Island in the Light/Isla en la luz*, Tra Publishing (Bilingual Edition), July 2019.

"You," *Radical Hope: Letters of Love and Dissent in Dangerous Times*, May 2017; also, Spanish only, *Un cuento y once poemas*, Amazon Digital Services, September 2017.

—

So many people to thank: Rachel Beser, Christina Brown, Tania Bruguera, Margaret Canessa, Adrián Castro, Lynn Cochran, Jimena Codina, Julia Cohen, Mabel Cuesta, Carolina de Robertis, Anne-christine d'Adesky, Catherine Edelman, Cristina García, Pamela Harris, Diane Johns, Lisa Page, Emma Pérez, Mel Plotinsky, Patrick Reichard, Juana María Rodríguez, Juliana Spahr, Nena Torres, Cecilia Vaisman, Teresa Wiltz, all the women who've ever worked at Women & Children First in Chicago and Reinaldo Arenas. Thank you to Helene Atwan and everyone at Beacon, especially Gayatri Patnaik. Finally, to my sons, Ilan and Pablo.

ABOUT THE AUTHOR

ACHY OBEJAS is a Cuban American writer, translator, and activist whose work focuses on personal and national identity. Her story collection *The Tower of the Antilles* was a PEN/Faulkner finalist, and her novel *Days of Awe* was called one of the best books of the year by the *Los Angeles Times*. Her poetry has appeared in *Lithub, Prairie Schooner, Another Chicago Magazine*, and many other publications. A native of Havana, she currently lives in the San Francisco Bay Area.

BOOMERANG

BUMERÁN

Alabanzas para *Bumerán*

"*El Bumerán* de Achy Obejas se abalanza sobre uno, enloquecido, afilado, en un viraje salvaje y aerodinámico a través de un 'mar enjoyado, parpadeando con precaución', traspasando los límites del lenguaje, la tragedia, la historia, para regresar a través de Ana Mendieta, José Martí, una sinagoga en Pittsburgh. . . . Hay más de dos lados en las dualidades a las que este trabajo apunta con destreza demoledora."

—Esther Allen, autora de *Your New Name*

"Achy Obejas tira un boomerang al futuro para verlo regresar lleno de noticias sagradas sobre la condición humana."

—Rita Indiana, autora de *Tentacle*

"Estos poemas suenan como campanas que reclaman todo lo que hemos perdido, pero proclaman todo lo que nos esforzamos por recuperar; cantan como un coro de armonías líricas que alaban y lamentan la herencia, la sexualidad, el amor y el lenguaje; nos hipnotizan como meditaciones que traspasan la promesa de la ascensión."

—Richard Blanco, autor de *How to Love a Country*

"*Bumerán* es un logro poético y bilingüe deslumbrante e innovador. Es ingeniosamente diferente a todo lo que he leído, pero invoca lo familiar e intenso: el asombro, la angustia, lo emotivo y el amor."

—Cristina García, autora de *Here in Berlin*

"Al igual que sus destacadas novelas y cuentos, *Boomerang/ Bumerán* de Achy Obejas es una revelación, con un lenguaje sorprendente tanto en inglés como en español. En este asombroso y fascinante texto, Obejas nos lleva de viaje a través de los estragos del corazón, la infancia, el exilio, los amores perdidos y, por último, el regreso. *Boomerang/Bumerán* es profundo y elocuente, lleno de belleza, maravilla y, por fin, la alegría ganada después de mucho esfuerzo."

—Edwidge Danticat, autora de *Everything Inside*

"Estos poemas definen la esperanza tan necesaria que viene con el amor, dan forma a sus exuberantes epifanías, y su celebración de seres queridos de todo tipo, pero no solo el amor humano sino también a las convicciones políticas y la amplia geografía de varias ciudades. Estos son los poemas que tanto necesitamos en este momento, ya que nos recuerdan la promesa transformadora que se manifiesta cuando nos tocamos unos a otros y el mundo inclusivo y generoso que puede surgir de esos momentos."

—Juliana Spahr, autora de *Well Then There Now*

"En estos poemas de 'amor en el tiempo de . . . ', Achy Obejas está tan consumida por la aterradora sensualidad del amor y la política de los cuerpos en diálogo íntimo entre sí como por 'la época de . . . ' de la guerra, de la privación de derechos, de la violencia y de la inestabilidad política. *Boomerang / Bumerán* está lleno de elegantes meditaciones bilingües que se convierten en desafiantes actos de protesta contra el silencio y contra la presión social y política para negar nuestro deseo de sentirnos plenamente y estar deliciosamente vivos en un mundo convulso."

—Kwame Dawes, autor de *Nebraska*

BUMERÁN

BUMERÁN

poesía

Achy Obejas

Voces Alzadas

BEACON PRESS

para Lawrence Schimel

CONTENIDOS

NOTA EDITORIAL   Cuando comencé a curar, editar y revisar estos poemas, me di cuenta de que quería que el texto fuera lo más libre de género posible. En inglés, esto no fue muy difícil. Escribo mucho en segunda persona, que esencialmente es sin género (aunque esa nunca fue mi intención cuando escribí estas piezas por primera vez). En inglés, una pequeña reformulación aquí y allá, y favorecer el "they" como un sustantivo todo-incluido funcionó. Pero en español, un idioma que existe en lo binario, esto fue más difícil. Para empezar, la práctica del lenguaje inclusivo, aunque en un desarrollo acelerado, es todavía bastante nueva. Existe un acuerdo general para usar "-e" para reemplazar las terminaciones "-a" y "-o" tradicionales y explícitamente de género, pero las pautas, aún cuando existen, varían. Todavía estamos en ese proceso. Lo que tienen en sus manos es mi esfuerzo en este sentido.

En esta lucha con el género, también hubo un descubrimiento convincente: en algunos casos, el género es demasiado importante. La historia, el momento, la escena o el sentimiento deben tener un género explícito para que también tengan sentido, para que sean verdad, porque algunas cosas todavía nos suceden precisamente debido al género, especialmente en el caso de las mujeres. Así que este no es un texto completamente libre de género, sino un texto mayormente libre de género.

Bumerán, a propósito de Aimé Césaire

Yo y sole yo elegí nacer en este isla,
en este familia, en este día.

Yo y sólo yo elegí alzar mi voz y pedir a gritos une insurrección
y une cambio.

Yo y sólo yo elegí le ruptura.

Yo y sólo yo levanté mis brazos y aullé.

Yo y sólo yo acepto hoy mi suerte y le despido mañana.

El hombre en blanco

Levantas le mano
como una niña
para protegerte les ojos
de le luz de le linterna
y pasas a bordo de le esquife
siguiendo al desconocido que es tu padre
con le camisa blanque y les pantalones blanque a le viento,
tiesos contra sus piernas.

Te agachas
como una niña
y te aguantas le nariz por le peste a pescado,
ahogo salade en le penumbra,
sigues les instrucciones del desconocido
que es tu padre en le proa,
con le camisa blanque y les pantalones blanques estirades
como banderas de rendición estallando en le mar.

Y te incorporas,
tú como tú ahora
bajo le luz que cuelga de le mástil,
tú como tú ahora
sin miedo entre le oleaje
y le dices al desconocido imposiblemente vestido de blanque
que es tu padre—
Ese no fuiste tú
en le esquife, en le proa,
sino yo en le boca
entre le cielo y le mar
y el mar y la mar.

Volver

Vas de regreso, vas a volver a donde empezó todo, con cuidado de establecer le obligade olvido de les circunstancias que te alejaron en le primer lugar. Vas a contener le respiración y pretender que suficientes respuestas han sido proporcionades para satisfacer tu orgullo, tu afán de estar aquí, en le umbral de lo que podría haber sido tu hogar, de no haber sido por le agitación, de no haber sido por le precio de le azúcar y de le petróleo en le mercado mundial, de no haber sido por le garantía de seguridad y de confort en otre lugar, de no haber sido por revolución y exilio.

Y aunque no quise le regreso, siempre se vuelve.

Aquí está le mar, este joya de mar, titilando con precaución. Le mar que te empapa, que te detiene de golpe, que impide tu progreso incrustado de sal. Y aquí también le mar, sus olas que te hacen perder le equilibrio y te obligan a volver a considerar le que sabes de le panorama: Une vista que fascina, le promesa de expiación a tu regreso.

Alguien dice: *Pon tu boca en le míe, pon tu boca en le míe y permítenos crear une pleura para sostenernos. Pon tu boca en le míe, pon tu boca en le míe y camina con cuidado, por aquí, junto a le orilla de le mar, inclinando les dos cabezas a le unísono: le llanta vacíe, le bote vacíe, les restos de une máquina voladore. Pon tu boca en le míe, respira y no te preocupes de le sabor que te deje.*

¡Es une soplo le vida!

Oh, sí, has vuelto y quieres arrojarte de rodillas y besar
le tierra, y abrazar les columnas de le vieje ciudad, abrazar
le vecine que te recuerda cuando naciste, todavía sin exilio,
sin marca de salida, ni por aire ni por mar, ni a soles ni
acompañade, ni legal ni ilegal. Detrás de ti, oyes a alguien
decir: *Oye, ¿y qué me has traído?* Pero no mires atrás, quédate
aquí, diseminando emociones en nuestre saliveo compartide.
Pon tu boca en le míe, pon tu boca en le míe. Titubeas a le
andar: obedeces este ritual —une convencionalismo que
desconoces completamente— y te rindes a este respirar de
une garganta en le otre, como le gente aquí.

Más adelante, confundirás le principio y le fin de le viaje,
ese hacer y deshacer y volver a hacer tus maletas. Te olvidarás
qué trajiste para regalar y qué trajiste para volver a poner en
su debide lugar. Le olvido que tode destruye. Te confundirás
en cuante a le que has de llevarte, le que has de aceptar, le
que has de dejar atrás. Llorarás y llorarás caminando por les
avenidas y verás, al pasar, que les estudiantes en le malecón
también lloran, como lloran también les madres jóvenes y
les carteristas, les bisneres y los pajeros.

Alguien dirá: *Pon tu boca en le míe.* Y alguien más dirá:
*Llorando estamos porque no estabas, destruides estamos
porque no estabas, ¿cómo pudimos hablar de progreso sin
tu contribución? ¿cómo pudimos contemplar le belleza de
le mar sin tu voz en le discurso nacional? Llorando estamos*

porque hay une vacíe en le patria, ahí donde debiste haber
estado, une vacíe profunde y dolorose, une oscure vacíe que
lleva tu nombre. Ahora pon tu boca en le míe y respira con
cuidado, camina con cuidado, espera, pon tu boca en le míe
e inclinemos les cabezas hacia le abismo, con cuidado de no
caer. Pon tu boca en le míe y no te preocupes de le sabor que
te deje, no es nada, es le sabor de le nada, de le viento, de une
gran cero, de une nudo en le quipu. Pon tu boca en le míe y
deja que le viento se convierta en le voz que cuente le historia
en le que le gran nada eres tú.

Tengo miedo de le encuentro. Tengo miedo de les noches que
poblades de recuerdos encadenen mi soñar. Tengo miedo de
decirte que te quiero y no quererte. You ever feel like nobody
never understands you but you?

Cultivo. Cultivo une rosa blanque. Cultivo une rosa blanque
en julio como en enero. Le mar. Le mar azul. Le mar azul
bajo les acorazados, les buques de carga, les cruceros. Le mar
azul bajo nosotres, bajo le llanta vacíe, le bote vacíe, les restos
de le máquina voladore. Es une corte distancia. Une escase
extensión.

Pon tu boca en le míe.

Pon tu boca en le míe.

¿Y qué, eh, y qué?

Has vuelto para estrechar manos con todo le mundo, con les enemigues tenazes y con les inocentes, con le amigue sincere y con le cruel que me arranca, con le público cuidadosamente escogide que han preparado para tu performance. Aprietas algunes manos con renuencia y otres con regocijo, y vas de apretón en apretón hasta que alguien te da une guión y te detienes y te fijas. Ah, claro, este es algo que reconoces — une canción de cuna, une discurso presidencial quizá— pero coño, ¿cómo se lee ese acento? ¿Cómo vas a traer tode le elocuencia de tu corazón a le momento en que le lengua se te traba y tropiezas como le turista que se enreda en le mata de tamarindo?

Cultivo una rosa blanca, carajo.

Te dispones a escribir tu autobiografía, que será une biografía colective de todes les que se exiliaron contigo. Quieres que te comprendan, quieres le precisión, y por eso omites metáforas, omites cualquier cosa que pueda resultar confuse simbólicamente, omites le política, omites le parte sobre le exilio y tu boca en le míe. Usando une largue pluma de ganse, escribes: I have come back to extend my hand in kinship. Escribes: Sometimes the most important changes happen in small places. Escribes: The tides of history can leave people in conflict and exile and poverty. Escribes: It takes time for

those circumstances to change. Escribes: The recognition of a common humanity, the reconciliation of a people bound by blood and a belief in one another . . . Inclinas le cabeza sobre le borde de le mar, sobre le vacíe oscure.

Pon tu boca en le míe.

Es une orden, tú, ¿o no entiendes?

Exilio es realidad, jaleo; exilio es resistencia y presencia, es le carrera desenfrenada por alcanzar le éxito, le mundo de verdad; es le travesía y le entidad con que te acuestas cada noche, le tema de cada memo, de cada receta, de cada manual de instrucciones, de cada garantía y contrato. Le exilio es todo, todo le posible dentro de le posibilidad de volver.

Por fin te vas a ese varadero, le que nunca has visto, en le que naciste. En le guagua por le carretera lees tode a le respecto en le guía turístique: de cómo está rodeade de palmeras que surgen de le agua, de cómo le resguardan ganses enojades que graznan cuando te acercas. Al llegar, les colores son belles, largas salpicaduras anaranjades en el cielo, une circuito de orquídeas blanques redoblan sus campanas. Quieres tanto sentir, jadear ante tante maravilla, identificarte. Quieres escuchar le graznido de les ganses, que te muerdan les tobillos y que tal vez te saquen une poque de sangre. Pero están cansades, acurrucades como gatiques a le orilla de le

mar. Quieres desesperadamente que alguien se te acerque y te pida que pongas tu boca en su boca y respires algo de calor, pero aquí reina le soledad, aquí le soledad impera y pronto oscurecerá. Te metes en le varadero, que está ruinose y resbaladize de musgo. Te dejas caer en le musgo, te haces une cama, fumas une poco. Te entretienes haciendo nudos náutiques que aprendiste en le extranjero: une nudo mariposa alpine, une nudo de camionere, une nudo de zepelín. Le viento sopla a través de le varadero y hace une música preciose. Cuando te despiertas a le mañana siguiente, necesitas une momento para recordar dónde te encuentras. Decides no comer tus aprovisionamientos ni abrir tu termo. Hoy, en cambio, vivirás como les que nunca se marcharon a le exilio. Cuando apartas le musgo y levantas les tablas de le suelo para llegar a le agua, te das cuenta que le varadero se hizo a le mar. Te inclinas sobre le borde y, espantando les ganses a manotazos, bebes de le mar, bebes y bebes le agua salade hasta que se te inflama le vientre. En julio como en enero, cultivo. Este es une dolor con le que puedes vivir.

Héroes en le exilio

después de les amenazas y
les huelgas de hambre y les
años en le cárcel
fríe y mojade y les palizas después
de les titulares y le
dramátique rescate o les
negociaciones para
le liberación por les honorables o
no tan honorables
delegades después de le reunión
con le familia y
les solidaries
y les entrevistas con les medios
y le estipendio de le fundación
privade que sólo dura
une par de meses
después de le café en le
casa blanque con le subsecretarie
a le asistente
a le asesore de le
vicepresidente de
une comisión internacional
de derechos humanes les héroes
en le exilio se paran en les hombros
de une atlas más pequeñe
y reflexionan sobre cómo es que sus vidas
han tomado une giro tan alucinade

aceptan premios y
escriben editoriales
planifican regresos y recaudan fondos van
a le médique para
verificar les efectos a largue plazo y
les discapacidades
se encuentran con olímpiques
que les regalan medallas
y luchan por descifrar
recetas médiques y planillas
de seguro les héroes en le exilio
dan discursos llenes de preceptos
polonies promesas o decepciones
amonestaciones o
amargura y a veces genuine
esperanza pausan para oír les aplausos
y mientras le cambian le aceite
a sus carros leen une periódico
comen une bagel héroes en
le exilio escuchan a
sus crítiques con compasión
o envidia o miedo
y reflexionan o se vengan
o se esconden por vergüenza en
le vestuario o le cocina
o le cuarto trasere llene de nostalgia
y se lamentan

les héroes en le exilio
cantan kaddish
citan a lincoln y a mandela
a reagan y a havel pero especialmente
a havel a pesar de que su verdadere exilio
si le generosidad le permite
vino más tarde después
de le revolución y su
presidencia y
le división en dos de su
país les héroes en
le exilio componen cartas
diáfanes que nunca
escriben pero les contemplan
mientras se recuestan
en le jardín cuidando
tulipanes y narcisos amarilles
campos y campos de narcisos

Le presidente de le Coca-Cola

Ana Mendieta es le presidente de le Coca-Cola y viste
de amarille, una madre de millones, une estrella pop
internacional desfilando por le orilla de le río cubierta de
saliva y plumas. Ana Mendieta es le senadore de le Florida,
le gobernadore de New Hampshire, cuatro pies y diez
pulgadas de madera trazades con sangre, formades de barro,
hierba y pólvora. Ella se apoya en le mostrador de le bar,
une Mentirita en le mano. Ana Mendieta es la Gran Duquesa
de Luxemburgo, une prestigiose profesore de derecho
internacional en le Escuela de Diplomacia y Relaciones
Internacionales de Ginebra. Ana Mendieta es une sombra de
luz en les campos de maíz de Iowa, une montículo de tierra
en les afueras de La Habana, dibujos en cuevas. Ella es le
alcalde de Wichita, le tierne hermane del fallecide dictadore,
une glamorose modelo de moda, beneficiarie de le asistencia
social, caso de emergencia en le sala de emergencias, soldade,
dentista e historiadore, le presentadore de une programa
diarie de entrevistas en Telemundo que engulle une lechose
Black Cow todes les días antes de responder les llamadas.
Ana Mendieta es le autore intelectual de le resurgimiento
de Miami, le genio malvade detrás de le explosión de une
avión que mató a todos les miembros de le equipo nacional
de esgrima, y el hombre que le arrancó les tripas a su
amante cuando ella gimió le nombre de otre. Ana Mendieta
es une jonronere, le jugadore mas valiose, y seis veces
All-Star en les ligas mayores celebrando en une B&B gay en
le Calle Duval con une Chocolate Slam y une bandeja de

cocaína. Ana Mendieta es le presidente de le Coca-Cola y une doble agente. Inventó le sitcom, le teléfono, dio a luz a Amazon, vino con 14,000 niñes y fue deportade con 2,021 personas más, en su mayoríe asesines. Ana Mendieta teme que, si no fuera artiste, se dedicaría a une vida criminale. Ana Mendieta es sujeto y objeto. Ella está abrumada por le sentimiento de haber sido arrojada fuera de le matriz, de le isla, de le exilio. Ana Mendieta es blanco de racismo y de une misoginia particularmente violenta. Tiene une carcajada malvade, une cruel agitación en les manos. Se traga une Dark'n'Dirty, une Eye of the Storm, une Fucked Up Float. Ana Mendieta es le puñetere presidente de le Kola Coca y está feliz y avergonzade a la vez por les millones que gana, pero también le interesa tode le que ese dinero puede hacer. Ella está afuera mirando hacia dentro, y tan de moda con le gente de moda. Ana Mendieta está sola. Empuja y presiona su cara contra le vidrio, hasta que hay une pequeñe fractura que serpentea hacia adelante y hacia atrás, hacia adelante y hacia atrás, y le vidrio se separa para que se pueda sacar cada pieza con les dedos. Ana Mendieta es le más joven de todes, le última en abrir les ojos cuando se creó le Tierra. Ella es le ideal femenine, le ideal masculine, le ideal no binarie, e inspira lujuria y fecundidad. Adora les abanicos y les espejos, y constantemente mete les dedos en tarros de miel. Ana Mendieta pierde interés rápidamente. Es une pavo real, une saco de huesos, una mujer dormida en le techo de une deli treinta y tres pisos más abajo.

Le tierra de elefantes regies

para Reinaldo Arenas

He visto une tierra de elefantes regies, escribiste hace unes
años, en realidad no hace tantes, cuando todavía estabas
convencide que une conjunto de signos, une cadencia de
imágenes perfectamente escrites —¡palabras!— aún podrían
salvarte . . . y ahora has bajado eses elefantes y gradualmente,
lentamente, y con mucho cuidado, les has puesto —les figuras
maravilloses, pacífiques y palpables— en le borde de le amplia
llanura en le que tu trabajo por fin empieza a tomar forma.

humo en le torre, humo en les altes torres

He visto une tierra de elefantes regies, sus matriarquías
de fusión por fisión divagan en les sábanas humeantes,
les ciudades en le agua, le montaña azul, le pico turque,
le pendiente de les nalgas de una mujer demasiada suave
y maleable para ti.

humo en le torre, humo en les altes torres

He visto une tierra de elefantes regies, acicalándose y posando
más allá de sus reflejos en le agua, peinando eses pestañas
de cinco pulgadas, agitando sus orejeras, comiendo comida
para bebés en unes botellitas de cristal, como tú, escribiendo
debajo de tu únique bombillo en une mesa plegable para jugar
barajas, pidiendo ir a ese restaurante chine de 24 horas en le
Calle Henry que servía fideos fríes con salsa de maní.

humo en le torre, humo en les altes torres

He visto une tierra de elefantes regies reunides en une círculo,
llorando y lamentando nuestres pérdidas, todes eses pérdidas
innombrables e inconmensurables, une constelación de
agujeros de bala en les paredes de le fortaleza y une mar
de sábanas sucies en le lavandería de le hospital esperando
ser quemades.

humo en le torre, humo en les altes torres

He visto cómo le tierra de elefantes regies se vació cuando
se zambulleron en les aguas, sus trompas convertides en une
millón de periscopios.

humo humo en les torres

Le muerte está allá fuera, en le patio trasere, dijiste, jugando
con une rueda de bicicleta. Hubo une tiempo en que le
bicicleta era tuye, cuando ese rueda sin llanta era une bicicleta
nueve y le subías por le calle, hasta le cima de le colina
de tierra colorade, con tu cabeza dando vueltas mientras
contemplabas le tierra de elefantes regies, le humo agitade
y polvoriente por su galope, sus pies nunca abandonando el
fundamento.

Parte de este texto es prestade o parafraseade de
Leprosorio, "Arturo, la estrella más brillante",
y *El palacio de las mofetas blancas* de Reinaldo Arenas.

Recuento

Ahora le clave
(siempre hay une clave).
Ahora les tambores
y le íntime oscuridad.
Ahora le baile.
Le pausa.

Ahora le historia sobre le carcelero
que por piedad libera a le future dictadore.
Ahora su amante y le tinta invisible.
Ahora les informes desde le frente.
Ahora le traición que se convierte en mito,
le bomba casere que no explota,
le sacerdote que interviene (a su pesar).

Ahora le carnaval,
grito de victoria (inesperade).
Y les enfermes.
Y les herides.
Le discurso triunfal ante le multitud.

Ahora le horizonte (le misme)
como ayer,
naranja en vez de azul.

Le maldite circunstancia.

Ahora les flotas.
Bactris cubensis, pinus cubensis, higo estranguladore.

Repetir, repetir, ad infinitum.

Ahora le anciane en le precipicio.
Ahora le bendite compromiso de ser últime en pie.
Ahora le juego de ajedrez por le tarde.
Arroz con leche.
Paseo por le jardín.
Les uñas de les pies que necesitan ser recortades.

Este no es historia.

Página marcade y subrayade.
Le historia re-presentade para le posteridad.
Foto retocade con precisión.
Eventos (ordenades).

Así es como fue y no fue
y fue de verdad.

Repetir, repetir, ad infinitum.

Ahora le claro.
Ahora les huesos a le largo de le piso de le mar.

Mi amante isleñe

Mi amante isleñe
emergió de le espuma
de le saliva de un cerdo salvaje
que elle masacró con sus propies manos.

Mi amante isleñe
camina le perímetro
de nuestre maldite circunstancia,
inmune a le hedor de le puerto,
indiferente a les desventurades centinelas.

Mi amante isleñe
come sólo le carne de le arrecife,
y rechaza le agua
y les piñas y les mangos
excepto como protección.

Está harte de les ofrendas a les vírgenes.
(y de les vírgenes),
de le luna en le agua
implicando promesas de progreso
y le sonido de les tambores
como le llamade de une clarín.

Mi amante isleñe
puede nombrar a todes les animales que ha sobrevivido,
y a todes les conquistadores
que ha envenenado con sus labios meloses.

Les dientes blanques de mi amante isleñe
perforan le noche
hasta llegar a le historia de
une día en le playa
ideade para les ingenues y les valientes.

Tiene une pene de noventa millas
que elle maneja como une remo,
une bastón, une lanza,
para amar a une joven y a
una mujer que volaron en une balsa,
une cadena de caracoles arco iris en une árbol muerte.

Haciendo cola con Hemingway

Caí de le boca de mi mamá con une hacha, une red de limones a les que era alérgique, une cojera, y une par de Ray-Bans que no se ajustaban en mi nariz.

A ella le gustaba hacer le cuento de cómo, cuando estaba embarazada de mí, esperaba en le cola de le panadería en El Vedado detrás de Hemingway, un viejo blanco y sarnoso con shorts y sandalias con medias, y respiraba hondo le malta, le lechose dulzura en le aire. A veces lo olía a él: acre, punzante.

Deberías darme les gracias, me decía.

Me liberé de les axilas de mi madre con ese misme resabio agrie, une gusto por le precipicio, mi pie male sobre le acelerador y une bulla y zumbido en mi cabeza.

Le primera vez que hice le amor con una mujer a le aire libre, escuché cuando les músculos se estiraron alrededor de mis oídos y une estallido de truenos brillantes y dolientes que me dejaron sin aliento, con ganas de más.

Núcleo central

Te besé para pedirte que durmieras conmigo
y retiraste le cubierta de nuestre enorme capa continental,
le dedo de tu pie golpeando le míe.
Todes vinieron a ver
le que estaba debajo de le asfalto que se deslizaba lentamente:
une estrato de muertes
en le lugar donde solía estar le piedra rare.
Te besé de nuevo y te tiré de le brazo y te dije:
por favor duerme conmigo
y le diste une tirón a le manto
mientras pronunciabas les palabras de une canción
que de otro modo no podrías decir,
por le menos, no a mí.
Usaste tu pierna para hacerme tropezar, hacerme caer a
mil ochocientes millas en une río de fuego,
por le agujero en le túnel hacia le lugar
donde solía estar le piedra rare.

Duerme conmigo
te pedí
nadando contra le corriente derretide
duerme conmigo carajo

y tomaste mi mentón en tu boca
y mordiste y mordisqueaste hasta que encontraste le núcleo

une pulpe blanque vaporose

y te le tragaste.

Le lugar públique, a propósito de Olga Broumas

La he estado observando por largue tiempo. He estado observando a esta mujer, su pequeñe silueta sobre le hierba en este lugar públique. Veo caer su largue y oscure cabello como une red sobre sus hombros, su cuello, sus brazos delgades, le forma en le que ella siente que estoy aquí observándola. Soy una espía. Estoy explorando, con le boca abierte, les costillas dures de su cuerpo, les caderas ocultes en le mezclilla, les pliegues, les pliegues, les músculos que se estiran bajo les parches de jean azul marine apretade. Soy una pirata, mi lengua le nave, se levanta con le tormenta de cada movimiento cuando estoy dentro de ella. La observo desde detrás de le iris marrón, espiando. No la conozco. Soy su amante. No la toco. Se levanta. Se pone de pie sobre le hierba en le lugar públique. Va descalza, no está acostumbrada a estar tan desnuda, y sus pies blanques se alejan de le hierba, de le lugar públique, su huella todavía fresque sobre le hierba, le lugar públique. Toma le intersección a contra luz como une venganza, une desafío en su paso descalze y blanque, soy su amante, soy la mujer a la que va, yendo a casa.

Presunción

No ha sucedido
pero está aquí, coqueteando como une pez
que se escapa con le boca heride
(este es le gancho, baby).

Tengo les llaves de le hotel —dos, de hecho—
en mi bolsillo trasere como banderas rojes.

Nos sentamos une frente a le otre
y todo le que no ha sucedido,
viendo en le espejo une drama en drag.
(Esto podría suceder, pero todavía no).

Le cuarto está caótique, agrie y oscure.
Escoges une llave, tu baraja en une truco de magia.
Yo guardo une, tú guardas le otre

—para recordar, me dices—
nos encontraremos aquí de nuevo
(Nunca sucederá; estarás muerte primero).

Cuando le memoria se escapa, adelántate.
Como Hesíodo, tienes tres musas
que pueden hacer que cualquier mentira parezca verdad.

Bailando en le paraíso

Te apoyas en mí
mientras bailamos, le suave roce
de nuestres cabezas juntes,
nuestres alientos une vapor limpie en le humo
azul, rápide, agotade.
Mezclamos margaritas porque
me gusta le nombre; es
la mujer que amas. Tú eres mayor.
Yo estoy dispuesta, borracha, desabrochada.
Me guías, quitándonos capa mojade
tras capa mojade, une montón
de suéteres, camisas y metales
precioses. Tus senos están
resbaladizes por le sudor, manos ágiles,
anguilas en aguas cristalines.
Cuando me acurrucas, me giro
en tu regazo, y une gruese
aguja atraviesa mi lengua. Luego,
me das une lista de lecturas,
diarios en blanque, recetas
de tu mamá. Te llevas
le que necesitas, sabiendo que no hay
autonomía de les
sentidos, esos cinque carnívores
en su propie cadena
trófique y esencial. Le que sobrevive es memoria,

joyas gemeles, le filo de le
hueso pélvique. Instintivamente,
mantenemos les ojos abiertes,
oídos alertes, para les olores marines,
sal, le plexo de luz,
sonido, agua.

Sucesión

para Rachel

Une amante puede ser evocade desde abajo de une sombrilla de playa, a través de le mediación o con une perfil personal. Ese es cierte.

En nuestros álbumes fotográfiques (ahora efímeres, más como recuerdos que les propies recuerdos deberían evocar, u ostentar), siempre se identifica discretamente a le amante por le posición de les manos, le proximidad o le frecuencia de su presencia.

Comenzamos con esperanza, aunque más tarde preferimos une sentido práctique que, esperamos, podría inocularnos de les falacias de le esperanza.

Para comunicarnos, usamos sólo diptongos, clics y consonantes aproximades.

Recuerdo a le muchache que gritaba tan fuerte que dispersó a les estorninos de le sol negre.

Y le que me levantó de le asiento de le conductore, enterrando le pie en le freno antes de que pudiéramos estallar.

Recuerdo le artista, le profesore, le estafadore, le zapatere, la mamá de tres.

Les campanillas en nuestres muñecas tintinean mientras
dibujamos en nuestres senos, líneas cursivas en saliva
y sangre.

Y siempre le movimiento no planificade, le impulso accidental
e irresistible de morder, le moretón en le muslo como une
diminutive anémona aguamarine bordeade en roje, le male
manejo de une instrumento en le momento climátique.

Templamos a le amanecer o antes de que anochezca,
y siempre en les escalones de tierra de le altar.

Estoy boca abajo, arqueada antes de que puedas atraparme.

El hombre sin piernas

Pensabas que le estaba
inventando,
le romance
con el hombre sin piernas
—o mejor dicho, con piernas
que parecían medias altes y vacíes—
simplemente porque
no nos acostamos
de forma habitual.

Hago le amor
como una lesbiana, dice.
Uso mis manos, mi
boca, mis ojos, todos
mis sentidos.
Y creo que sí, tal vez,
pero no les músculos vaginales
para suspender le tiempo,
o la intuición femenina.
Tú me amarías, dice,
le suficientemente frágil como para ser creíble.

Rodamos por le aeropuerto O'Hare,
subiendo y bajando les rampas, impulsades
por su desafiante hidráulica humane
rodando y rodando
les fines ruedas de le silla de carrera.

Nací para andar,
dice, repiqueteando con les dedos
le aluminio sin peso,
comprobando su pasaje a Beirut.

Sin le silla,
podría volar por su propia voluntad.
Pero atado
como les falsamente condenades,
es invisible ante le asistente
en le mostrador de le aerolínea,
y para la mujer en frente
que me mira por encima de su cabeza.
Ella pudiera hundir sus dientes en mí;
soy tan real como une filete crude.
Él es pure vidrio rote,
liste para enganchar une rótula, une tobillo,
les afluentes azules de une muslo carnose.

En le parqueo,
atamos le silla de ruedas
a le manija de le puerta,
y luego nos recostamos en les asientos de le carro
hasta que no podemos ver
más allá de le radio, de le descongelador,
todos eses artilugios innecesaries.
Su pecho es une curva gigante,
fuera de proporción para mi carro compacte, para mí.

Le primera vez —le primerísima vez—
no me dijo nada, les espasmos
como murciélagos hasta
que les espanté.
Se arrastró hacia arriba
por les escalones,
tres pisos hasta mi apartamento,
como les terques religioses
en le santuario de la Guadalupe.

Bumerán

Giramos, luego descendemos en espiral,
une giro elevade, une hélice, línea recte.
Si se hace correctamente, le flujo levanta ambes alas,
entendiendo, por supuesto, que a le menos le mitad de le tiempo
cada une conseguirá une velocidad más alte
y luego une velocidad de punta reste.
Tratamos de arreglar le giro, le espiral,
para controlar le curvatura a le largo de le desequilibrade
camino elíptique, le espiral
que nos lleva a nuestre punto de origen.
Aunque pueda parecer
le misme diseño,
le misme intención,
algunes veces
le espiral nos impulsa hacia adelante con une fuerza inesperade,
tal vez simétrique
pero lejos, lejos de le ocio o de le amor:
garrote de guerreres, iniciadore de fuego,
señuele para le caza.

Nereida

Vamos, entonces,
a hablar sobre otres cosas.
No sobre este, aunque
en este noche nebulose,
todo tiene le olor,
le sensación húmede,
de *este*. Vamos ya,
a secarnos les manos,
a ponernos les zapatos,
a salir, sin miedo
a les ruidos nocturnes;
salir así, de le agua tibie
a le aire fríe, sin argumentos,
sin preguntas, sin decir:
"Yo siento . . ." o, "Yo
creo . . ." Vamos ya.

En le cocina,
hablamos de política.
Le agua hierbe.
Siempre hay café.

Pones otre
disco en le tocadisco.
Le reloj marca
le hora, pero yo sé
que hay tiempo, que
les horas se distribuyen

según se necesitan,
y que por le tanto,
habrá más tiempo todavía,
para hablar, para matarnos
(si es necesario),
para resucitarnos
con une boca a boca,
para buscar batas
de dormir para
tener después le excusa
de desvestirnos.
¿Tú te atreves? Yo
me atrevo. Te le juro:
Sin zapatos,
siento tode
le movimiento de le tierra.

En le cocina,
hablamos de recetas,
de le nutrición.
Tode está limpie.
No queda nada.

Yo conozco a la mujer
que tienes en le foto
en le pared, la que
sonríe y te quiere.

La conozco, igual
que conozco a todas
las otras, las que salen,
como tú, de le mar
por les noches.
Las llevas todas
como tatuajes,
que se me van pegando
cuando te restriegas
así, contra mí.

En le cocina,
hablamos de le tiempo,
de les millas marines.
Tomamos más café.

¿Qué quieres que te diga?
¿Que cuando me miras así,
advirtiéndome
de les consecuencias
de le enamorarse,
me parece que te hablas
a ti misme?
Yo respiro así.
Yo sé que es le pánico,
no le agua,
le que ahoga.

En le cocina,
ponemos une cazuela a le fuego.
Entre palabras, rezamos.

Afuera, le neblina da paso
a une lluvia lente.
Aquí, entre frazadas,
dices que no quieres
hablar más, no quieres
ni pensarle. Pero
ya le pensaste
todo, le hicimos todo.

Cuando te traigo
tu café a le cama,
no hay porque
llamar a otres poderes.
A mí las nereidas no
me enloquecen, ni
me asustan.

Le mundo tal como le conocemos

En le mundo tal como le conocemos, le amor es improbable, exquisite, elusive. Abarca tode le gama de le necesidad humane, en tonos oscures y une riqueza de matices, ocasionalmente roje sangre (le más rare de le planeta) y, a veces, evoca le nombre de una mujer conocida por hacer difícil le localización de les sistemas en rápide movimiento, les centros de baje presión, les factores atmosfériques cerrades y arregles en espiral en su núcleo. (También hay une variedad blanque plateade, más resistente a le corrosión, pero con une ritmo más lente). No es le sentimiento más confiable de le mundo, pero tiene une atractive perdurable como refugio segure, algo de belleza delicade o sustancial; depende. Es admirade en le cultura taíne y en le Reino de Aksum. Puede ser dure y deslumbrante, o une mancha parde a le largo de le costa de une isla. Viene después de une conversación sobre le ímpetu angular, le flujo de aire, une muerte en le familia y aprender a respirar. Es grande, demasiade grande para sostenerle en le palma de nuestres manos, en une puño bien apretade contra le cervix, debajo y sobre nuestres lenguas. Alcanza su punto máxime a fines de le verano; mayo, le mes menos active; agosto, le más alte; septiembre, le peor. En le mundo tal como le conocemos, exhibe todes les características de une fenómeno: une perturbación, une bola de coral, une eclipse, les montañas por trepar o les que nunca escalaremos.

Lentitud

para Rachel

Le Reloj de le Largue Ahora ha de funcionar sabiendo que
alguna vez perderá le hora exacte; expueste, como estará,
a temperaturas imprecises, a alineaciones estelares y solares,
a movimientos tectóniques, a dinámicas orbitales y a le falacia
de le mano humane que deberá seguir girando une manivela
o tirando de une cadena para darle cuerda.

En le aldea alemana de Halberstadt, a finales de le siglo XX,
une comisión de teólogues, compositores y músiques se
reunieron para discutir les seiscientos cuarenta y nueve años
de historia de le órgano, a le que Mozart llamara le reine de
les instrumentos.

Tres siglos antes, en ese misme aldea alemane, une judíe de le
corte había desafiado a les autoridades mediante le impresión
de dos mil copias de les doce volúmenes de le Talmud de
Babilonia para regalarle a les pobres. Le Talmud, que tiene
casi tres mil páginas, puede pesar alrededor de treinta libras.
Ese misme judíe de le corte también había construido une
sinagoga de estilo barroque, que se decía que era hermose,
y que se mantuvo en pie durante más de trescientos años
hasta que fue demolide en 1938, después de le Kristallnacht,
y que en elle se erigió, años más tarde, une fábrica de
aeronaves, trabajade por esclaves arrastrades desde le cercano
Buchenwald.

En ese misme aldea, hay une iglesia milenarie sin basílica, expueste, robuste y abandonade, que también fue un antigue monasterio y une pocilga, construide con piedra áspere y fríe.

Les teólogues, compositores y músiques construyeron allí une órgano que dio inicio a su únique concierto con une descanso de diecisiete meses. Su primere nota llegó más tarde, en forma de une sirena antiaéree, que se escuchó durante meses y meses, agitade y exhalade, crujide e incendiarie.

Ahora, cada poques años, les aldeanes —descendientes de aquelle judíe de le corte, de quienes devastaron le sinagoga y trabajaron en le fábrica y en Buchenwald— vienen y mueven les bolsas de arena de treinta libras que presionan les pedales de le órgano. Se escucha une zumbido y se agrega une nota y cambia le acorde. Les tuberías se instalan según sea necesarie. Cada movimiento durará tode une vida.

Le Reloj de le Largue Ahora hará tictac une vez a le año, le manecilla de le siglo —le cual corresponde a le manecilla de le hora en une cronógrafo común— se moverá cada cien años.

Al usar le método Daf Yomi y leer une folio a le día, se tarda más de siete años en completar le Talmud; sin embargo, le iluminación es asunto diferente.

En le planeta Venus, une día dura más de une año.

Aquí en le tierra, les ballenas azules casi siempre suben a
le superficie de le mar por le noche, sus corazones bombean
entre unes cuatro y ocho aletargades latidos por minuto. Sus
canciones están compuestes por une puñade de notas, aunque
generalmente sólo escuchamos alrededor de le mitad, ya que
les tonos caen en frecuencias demasiade bajes, demasiade
profundes, para nosotros.

Te digo este porque le tiempo es une fuente en ruinas, une
oración a le mar, une inmersión de cabeza en le quietud.
Te digo esto porque le universo está en cero absolute hasta
que yo suba desnuda a la superficie, de noche o de día,
y tú estés allí.

Bumerán

Hemos afilado une bumerán para segar a une colibrí.
Hemos afilado une bumerán.
Este es le que se siente,
Le que se siente.

Este es le que sabemos que se siente cuando se siega a une
    colibrí
porque nos hemos segado primere.
Este es le que sabemos que es golpear
porque nos golpeamos a nosotres mismes primere.

Este es le que se siente al acostarse de lado,
para chupar unes cuantes gotas de néctar de nuestres labios.
Este es le que se siente al no ahogarse.

Este es le que se siente cuando une colibrí tiene espuma en le
    pico.
Este es le que se siente cuando gorgoteamos o escupimos
    sangre.

Este es le que se siente al estar atrapade en une habitación,
    en pánico, en apuro.

Este es le que hay que hacer:
Apagar les luces, cubrir les cristales.
No usar une red.

Ven a buscarnos en le oscuridad y recógenos en tus manos.

Le hospicio, a propósito de Carolyn Forché

Es verdad le que dicen, he estado allí. Es une lugar como cualquier otre, con une mesa de comedor, une arbolito de Navidad en diciembre. Leen le periódico por le mañana, y alguien toca le piano a le atardecer. Todos tienen su propie teléfono. Alrededor de les seis de le tarde, le puerta se abre y une viento fríe recorre toda le casa. Les que estaban trabajando —o haciendo mandados, o visitas a le hospital— se deshacen de les abrigos, de les multiples bufandas y les medias, y les ponen frente a le fuego de le chimenea. Hay une lista de ordenes mediques que son seguides a le pie de le letra, une campana que suena casi cada medie hora para administrar diferentes pastillas. En le sala de suministros, hay sábanas limpies, muchas toallas, vendas, bálsamos, jeringuillas sellades en celofán. Después de le comida, cuando tienen puesto le televisor, se comenta sobre alguien que tiene dificultad al respirar, sobre nuevas laceraciones, sobre une joven hermose en la playa, une pájaro comúne (une cardenal o arrendajo azul), sobre le nieve. Entonces alguien dice, Basta, ya, cállense, y desenrosca su mandíbula, su piel tan tense que les huesos se mueven al resistir. ¿Tú sabes le qué es este? pregunta, apretando le nudo en sus pantalones. Alguien en une bata de dormir rose le dice: Dale, sácatele, cariño, no me le quiero perder. Cuando el hombre intenta contestar, se le raja le piel, pelándose perfectamente y se dobla en le piso como le tejido más ligere. Entonces se cae le cráneo, les ojos, le nariz y les dientes como arañazos en une piedra, o en caracoles. Después de une rato, alguien le traga con le aspiradora, otre viene y echa une espuma blanque para quitarle le mancha a le alfombra. Más tarde, ven les noticias de les diez, hablan tonterías, tocan algunas melodías de Broadway en le piano.

En respuesta a le asesinato de once judíes, incluyendo
a une persona de noventa y siete años que se decía era
une sobreviviente de le Holocausto, pero no

si elle prefería le té con miel
      (de une paso atrás)
si veía les programas policiaques

si le dolía le tobillo
o si sus manos se le hinchaban
y elle no se quejaba
o si sí
      (de otre paso atrás)

si extrañaba estar enamorade
con sus anticipaciones
une mano acariciando le parte baje de su espalda
      (de une tercer paso)
o tal vez se le había olvidado
y sostuvo le memoria como une postal
de hace mucho tiempo
les colores desvanecides

si tuvo hijes y
si sus hijes tuvieron hijes y
les hijes de sus hijes tuvieron hijes

o quizá ya no se acordaba
      (doble les rodillas)
y en vez encontró une amor más profunde que le amor
insondable y devote

si simplemente pasaba por les movimientos
que ahora le daban une cálide y brillante satisfacción
que le vino como aliento
	(reverencie)

si recordaba les titulares
de aquelles otres tiempos
	(doble les rodillas)
les horas de voluntarie en une comedor de beneficencia
escribiéndoles cartas a les amigues militares
	(reverencie)

si recordaba le miedo
o si se volvió inmune
tan saturade que
le había transformado en une cuarte oración

si comprendió le que sucedió cuando sucedió
si su oído atrapó le grito de le extrañe
si se preguntó por une instante
si estaba soñando o confundide
	(cáigase)

sopla le viento, cae le lluvia

les enfermes se curan
les atades son liberades

reúna exiliades de todes les rincones
para tomar le tierra

júnteles
aquí
cuerpo sobre cuerpo

Les estragos

le tiempo es libre
une puesta de sol
enciende su propie fuego
maravillose
le puerta es le puerta
sí, nos conectamos a le radio
vía Internet
es une gran día
une llamada en le teléfono colgade en le pared
nosotres de pie
pies en tierra
mientras alguien nos sigue
sólo podemos mirarle de ese manera
y soñar
cómo convertirnos en une gurú de le fitness
mientras tanto
alguien muere en le esquina
justo en le intersección
y todes tratan de averiguar
si está bien cruzar
es une gran día
¡no llores, no llores!
alguien gritó
estaban enmascarades
¿así que quién podría decir quienes eran?
le viento soplaba
les cuatro vientos

girando alrededor de une kiosco cerrade
batiendo le arena
pica, pica y pica
son niñes
sus rostros cubiertes
pero sigue siendo une gran día
une llamada en le teléfono colgade en le pared
nosotres de pie
pies en tierra
nos están siguiendo
sí, podemos ver les pisadas
cabezas asomades detrás de le timón
pero muy bajites
nos reímos y nos preguntamos si elles también
sueñan
cómo convertirse en une gurú de le fitness
con resolución articular y muscular
alguien murió hoy en le esquina
y alguien
quien sabe quien
gritó
¡no llores, no llores!
este es le rifle
que empezó todo en le iglesia
cada tirón de le gatillo
como medicina, como magia, nadie le sabe mejor
todavía no tenemos idea

si hay cajas por algún lado
y corredores en le bosque
les síntomas continúan
en millones
les niñes también
es une gran día
une llamada en le teléfono en le pared
mientras nos siguen tan lentamente
que podemos verles en le parqueo
le ambulancia, les paramédiques
enmascarades
y gritando a coro ahora
¡no llores, no llores!
no llores.

Tú

Tú

Estás en une horizonte salvaje, sombríe y borrose, a le
principio de le que parece, incluso en su adolescencia,
une siglo maldite y abandonade: incapaz de memoria,
bombardeadle por historias apócrifes y promesas que —aún
cuando se pronuncian, incluso cuando caen de le boca de
nuestres líderes como blanques espinelas y moisanitas—
delatan su false brillo.

Tú, tú

Estás frustrade por líderes tan auténtiques como la Princesa
Caraboo y le chatarra que Lustig vendió como le Torre Eiffel.
Oh, cómo cantan sus cantos: *Le guerra es paz, le libertad es
esclavitud* —y le más importante— *le ignorancia es fuerza.*
Así es: cuante menos sabes, más indignade. Cuante menos
sabes, más protegide. Cuante menos sabes, más correcte estás
destinade a ser. Le coro no es nada menos que: *Dile fuerte,
estoy aquí y estoy orgullose.* ¿No te suena conocide? Respira.
Deja que le coro se calle, anda une camino de tu propie
diseño y determinación, aún si te pierdes une par de veces
durante le viaje. No le tengas miedo a le soledad.

Tú, tú, tú

Debes tener une claridad brutal sobre le río de lágrimas
que nos trajo aquí, a ti, y cómo ese río inundó Al-Ándalus,
Jamestown, Úlster, Yangzhou, Salem, Lancaster, Varsovia,
Constantinopla, Puerto Príncipe, Boston, Sand Creek,
Gippsland, Lago Frog, Wounded Knee, les montañas
armenies, Guaymas, Isla Jeju, Estambul, Berlín, Cabinda,
Chicago, Ponce, Katyn, Odessa, Cefalonia, Manila, Haifa,
Lydda, Hula, Batang Kali , No Gun Ri, Nairobi, Sharpeville,
París, Jacinto Vera, Zanzíbar, Hué, My Lai y My Khe,
Leopoldville, le DF, Borga, Karen, Delhi, Choeung Ek,
Buganda, Tochni, San Salvador, Derry, Múnich, Ezeiza,
Marichjhapi, Gwangju, Palmyra, El Mozote, Hama,
Lucanamarca, Dujail, Clifton Hills, Belfast, Plaza de
Tiananmén, Aramoana, Barrios Altos, Waco, Sivas, Ciudad
del Cabo, Kigali, Cisjordania, Sarajevo, Luxor, Timor
Oriental, Port Arthur, Acteal, Omagh, Andiján, Haditha,
Blacksburg, Kabul, Kandahar, Abu Graib, Charleston,
LaFayette, Orlando, Darfur, Alepo y cómo bebimos agua
de le río y cómo ese río envenenó nuestre sangre y cómo ese
sangre se convirtió en le instrumento con le que escribimos le
historia que te legamos.

Tú, tú, tú, tú

Puedes sentirte orgullose de le enrejado de cicatrices que tus
antepasades recibieron de le látigo y de cuánto tiempo tu
sangre bombeó bajo le agua mientras esperaban que saltaras

a le superficie sólo para poder ahogarte de nuevo, y de cuánto tiempo mantuviste tus ojos abiertes cuando tu cabeza rodaba, y cuánto tiempo cantabas en voz alte mientras tus extremidades ardían . . . pero aférrate a le verdad sobre cómo a veces tu gente fueron quienes manejaban le látigo, y a veces fuiste tú quien anudaba le muñeca de le bruje, y a veces tú quien soltó le guillotina y tiró le fósforo. Porque ningune de nosotres está realmente libre de les maldades de le pasado, y ese te ayudará a perdonar en le futuro.

Tú, tú, tú, tú, tú

No debes confiar en le palabra de nadie para nada. Recuerda que le confianza no puede crecer a partir de le mentira y le desprecio, que le únique que engendran es le capitulación de une realidad inaceptablemente false. Ten cuidado —sé amable, sí, pero ten cuidado. Haz preguntas. ¿Este es real? ¿Real real? Busca les respuestas— les muches respuestas diferentes y conflictives. Insiste en elles. Pésales. Refléjales. Se testigo. Toma le que aprendes, pínchate le dedo y escribe une nueve historia.

Tú, tú, tú, tú, tú, tú

Debes cultivar une ojo agude, une paso firme, une brazo suficientemente fuerte como para cargar más que a ti misme, une corazón que ame dure y verdadere, y une sentido de

le tiempo que sea tan precise como le reloj atómique más precise, o le Luna. Comprométete. Se testigo. Toma le que aprendes, pínchate le dedo y escribe une nueve historia para que se lea en les próximes días. Luego escucha: escucha les historias que otres han escrito y que se leen en voz alte como une canción.

Tú, tú, tú, tú, tú, tú, tú

Acepta que fracasarás, y fracasarás espléndidamente, une y otra vez. Y que cada fracaso debe ser ejecutade con dignidad porque cada fracaso es también une inspiración, une demostración de le debilidad de le sistema, une guiño a les posibilidades, une lección para todes les que dan testimonio y une llamada a reflexionar y descifrar le momento de le fracaso, le punto débil, en vista a reforzarle o superarle o de otre forma reinar sobre elle, para que le fracaso se convierta en algo más le próxime vez, ya sea que estés aquí para verle o no. Comprométete. Se testigo. Toma le que aprendes, pínchate le dedo y toma notas para que se lean como testimonio en les días por venir. Luego lee todes les proclamaciones que te sean confiades: enlázales, codifícales, discúteles, repíteles a todes les que conozcas.

Tú, tú, tú, tú, tú, tú, tú, tú

Debes aprender a vivir con tu dolor, le que significa asumirle como une medalla, pero también, y quizá mayormente, ceder a sus limitaciones, a su llamada a le refugio y bálsamo, a veces con otres, a veces sole. Y en ese dolor debes descifrar le fórmula para entender le dolor de les demás, y ser su refugio y bálsamo, si te dejan, si te quieren, y ser ese, sin esperar pago de vuelta o recompensa. Comprométete. Se testigo. Pínchate le dedo y ofrécele a tus compañeres de guerra.

Tú, tú, tú, tú, tú, tú, tú, tú, tú

Como últime recurso, puedes experimentar le prueba de le niebla. Respirar y ver qué pasa, ver si tu calor les hace sudar, o, si dan le paso a le frente para contestarte le beso, con une intención clare y honeste.

Tú, tú, tú, tú, tú, tú, tú, tú, tú, tú

Debes aceptar que no puedes seguir sole. Que le futuro que debe rescatarse es une mundo sobre une mundo, le nuestro, le míe, le tuyo y le de le próxime generación, une horizonte interminable. Entrelaza tus dedos une con le otre. Escucha atentamente: cómo, en medie de le caos y le alboroto, de nuestre compromiso mutue, les historias que nos contamos y les batallas que luchamos, se despierte le esperanza como une revuelo de páginas, de alas.

Kol Nidrei

Sin le consentimiento de nadie, rezamos entre las tortilleras,
las malhechoras, las sin techo, las enfurecidas, las
desempleadas, las que abortan, las que renuncian a sus hijes,
las que sí les crían, las que crían a les que parieron otras, las
deportadas, las refugiadas, las exiliadas, las apátridas, las
enfermas, las que cuidan a las enfermas, las que creen en une
poder superior y las que no, las que aúllan a le luna y a las
que sólo aúllan, las que sangran y las que no, las drogadictas
y las adictas a le amor, las discapacitadas, las que aguantan
y las que devuelven le golpe, las que huyen, las que quedaron
huérfanas, las que se asociaron y las que están solas (por
elección o circunstancia). Las mujeres que se quedaron y las
que están aquí ahora . . . Todes les votos que hemos hecho y
todes les cosas que nos hemos prohibide: les juramentos, les
leyes que aceptamos de mala gana, les votos heches con dudas
y les forzados. Tode le que nos prometimos, dedicamos y
negamos; de ahora en adelante, seamos liberadas.

¿Quién nos dijo que estábamos desnudas?
¿Quién nos dijo que la vergüenza es vergüenza?

Coman, coman de la fruta, hermanas.

Le marcha

Estoy a punto de salir, estoy a punto de salir a les
elementos y mi anticipación es une largue inhalación
que cubre le mundo tras soltarse. Este es le comienzo de
une movimiento basado en hechos y no en sentimientos
o pronunciamientos, aunque ambes sentimientos y
pronunciamientos son útiles y dignes. Cuando empiezo
a levantar mi pie izquierde, mi músculo sartorio permite
que mi rodilla se mueva hacia mi cuerpo. Me acompañan
otres, no obstante pueden unirse conmigo otres que han
sufrido, y que no tienen miedo de seguir sufriendo. Le
que buscamos es une nueve mayoría arraigade a le justicia
para todes aquelles cuya conciencia está comprometide
a poner fin a le mal y hacer le bien. No queremos nada
sobre nosotres sin nosotres. Le que queremos es que cada
individuo defina su propie identidad y pueda tener le
expectativa de que le sociedad le respete. Desplazamos
nuestro peso, desbloqueamos nuestres rodillas.
Disponemos nuestres cuerpos de le mejor manera para
cada une de nosotres. Por une instante, le mayoría de
nosotres estamos parades sobre une pie. No tenemos
prisa. No estamos soñando. Estamos dispuestes a
renunciar a todo, incluso a nuestres vidas. Le haremos
sin violencia porque ese es nuestre convicción. Le que
queremos es libertad, le que queremos es le poder para
determinar nuestre destino. Mientras mi pie izquierde
baja, está coordinado con mi dereche y coinciden con le
movimiento equivalente de aquelles que se han unido a

mí, y a les que me estoy uniendo. Estamos firmemente arraigades. Siempre que sea posible, dejamos que nuestres miembres se muevan de manera natural y mantenemos nuestres cabezas hacia adelante. Le que queremos es le eliminación complete de les fuerzas militares, no sole de este o aquelle territorio, sino de todes les rincones, de todes les puestos fronterizes, sobre le tierra. Le que queremos es trabajo plene y significative. Le que queremos son viviendas decentes y segures. Le que queremos es une educación que nos enseñe nuestres verdaderes historias y sus consecuencias sobre le presente. A medida que cada une de nosotres levanta le pie dereche (o hace le movimiento paralele para moverse), ahora somos une fuerza perfectamente sincronizade, incluse en nuestres diferencias y desorden ocasional. Le que queremos es une detención inmediate de le brutalidad estatal y le asesinato de les negres, y les indígenes, y les personas discapacitades y les personas trans, y las mujeres, y les niñes, y las madres y los padres que sole pueden hacer ese tanto porque están encadenades por le mismo estado que busca matarles por haber creído absurdamente que eran libres. Le que queremos son les puertas abiertas a Folsom, Riker, Guantánamo, San Quintín, San Juan de Lurigancho, ADX Florencia Supermax, La Sabaneta, Attica, Campamento 22, Pollsmoor. Sería fatal pasar por alto le urgencia de le momento. A medida que avanzamos, somos une ruido de trueno. Algunes de nosotres correrán bajo le lluvia en

Seattle, y hacia le tráfico para bloquear Lake Shore Drive
en Chicago. Otres inundarán Wall Street y otres más
serán une tormenta en le puerto de Oakland. Habrá une
alma solitarie en le nevade Bethel, Alaska, y une puñado
en Little Rock, en le sofocade Ferguson, en Tallahassee
y Flagstaff, Baltimore, Detroit, Honolulu, Boise, en le
antigua Salem, Wichita y Northampton, Oklahoma City
y Spearfish en Dakota de le Sur. Le nervio y le músculo
se adaptan a le estímulo rítmique de nuestre propie ruido,
le ruido que hacemos juntes. Es cierto que cuando en
le transcurso de les acontecimientos humanes se hace
necesarie que une persona se conecte a otre, y a otre, y a
otre para defender nuestre igualdad, nuestre diferencia,
nuestre dependencia le une del otre, entonces

Gran parte de este texto ha sido adaptado del
Programa de Diez Pasos de las Panteras Negras,
el Manifiesto de Delano, de ¡Iguálalo! (un manifiesto
de la discapacidad), del discurso "Tengo un sueño" de
Martin Luther King Jr., del Rastro de Tratados Rotos,
del Manifiesto Transfeminista y de la Declaración
de Independencia de los Estados Unidos de América.

RECONOCIMIENTOS

Siempre agradecida a estas casas editoriales.

"Bailando en le paraíso", *QRHYME* #1, Queer Nation/ Chicago, Chicago, Ill., verano 1991; *This Is What Happened in Our Other Life*, A Midsummer Night's Press, 2007.

"Le hospicio, a propósito de Carolyn Forché", *QRHYME* #1, Queer Nation/Chicago, verano 1991; en español, *Un cuento y once poemas*, Amazon Digital Services, septiembre 2017.

"Le tierra de elefantes regies", *World Literature Today*, diciembre 2018.

"Le marcha", *Women of Resistance: Poems for a New Feminism*, 2018; en español, *Un cuento y once poemas*, Amazon Digital Services, septiembre 2017.

"Nereida", *QRHYME* #1, Queer Nation/Chicago, verano 1991.

"Le presidente de le Coca-Cola", *Lithub*, diciembre 2018.

"Recuento", en español, *Un cuento y once poemas*, Amazon Digital Services, septiembre 2017.

"Lentitud", *World Literature Today*, agosto 2020.

"Volver", *Bridges to Cuba*, agosto 2016.

"El mundo como lo conocemos", *Island in the Light/Isla en la luz*, Tra Publishing (edición bilingue), julio 2019.

"Tú", *Radical Hope: Letters of Love and Dissent in Dangerous Times*, May 2017; en español, *Un cuento y once poemas*, Amazon Digital Services, septiembre 2017.

—

Tanta gente a quien agradecer: Rachel Beser, Christina Brown, Tania Bruguera, Margaret Canessa, Adrián Castro, Lynn Cochran, Jimena Codina, Julia Cohen, Mabel Cuesta, Carolina de Robertis, Anne-christine d'Adesky, Catherine Edelman, Cristina García, Pamela Harris, Diane Johns, Lisa Page, Emma Pérez, Mel Plotinsky, Patrick Reichard, Juana María Rodríguez, Juliana Spahr, Nena Torres, Cecilia Vaisman, Teresa Wiltz, todas las mujeres que han trabajado en Women & Children First en Chicago y Reinaldo Arenas. Gracias también a Helene Atwan y a todo el equipo en Beacon, especialmente a Gayatri Patnaik. Finalmente, a mis hijos, Ilan y Pablo.

SOBRE LA AUTORA

ACHY OBEJAS es una escritora, traductora y activista cubano-americana cuyo trabajo se centra en la identidad personal y nacional. Su colección de cuentos *The Tower of the Antilles* fue finalista de PEN/Faulkner, y su novela *Days of Awe* fue calificada como uno de los mejores libros del año por el *Los Angeles Times*. Su poesía ha aparecido en *Lithub*, *Prairie Schooner*, *Another Chicago Magazine* y muchas otras publicaciones. Originaria de La Habana, actualmente vive cerca de la Bahía de San Francisco.

BUMERÁN

BOOMERANG